D1687436

Reise in die Antarktis – Informationen zu Anlandungsstellen · Karl-Heinz Herhaus

Für Ingrid

Karl-Heinz Herhaus

REISE IN DIE ANTARKTIS

Falklandinseln
Südgeorgien
Südliche Orkneyinseln
Südliche Shetlandinseln
Antarktische Halbinsel

Informationen zu
Anlandungsstellen

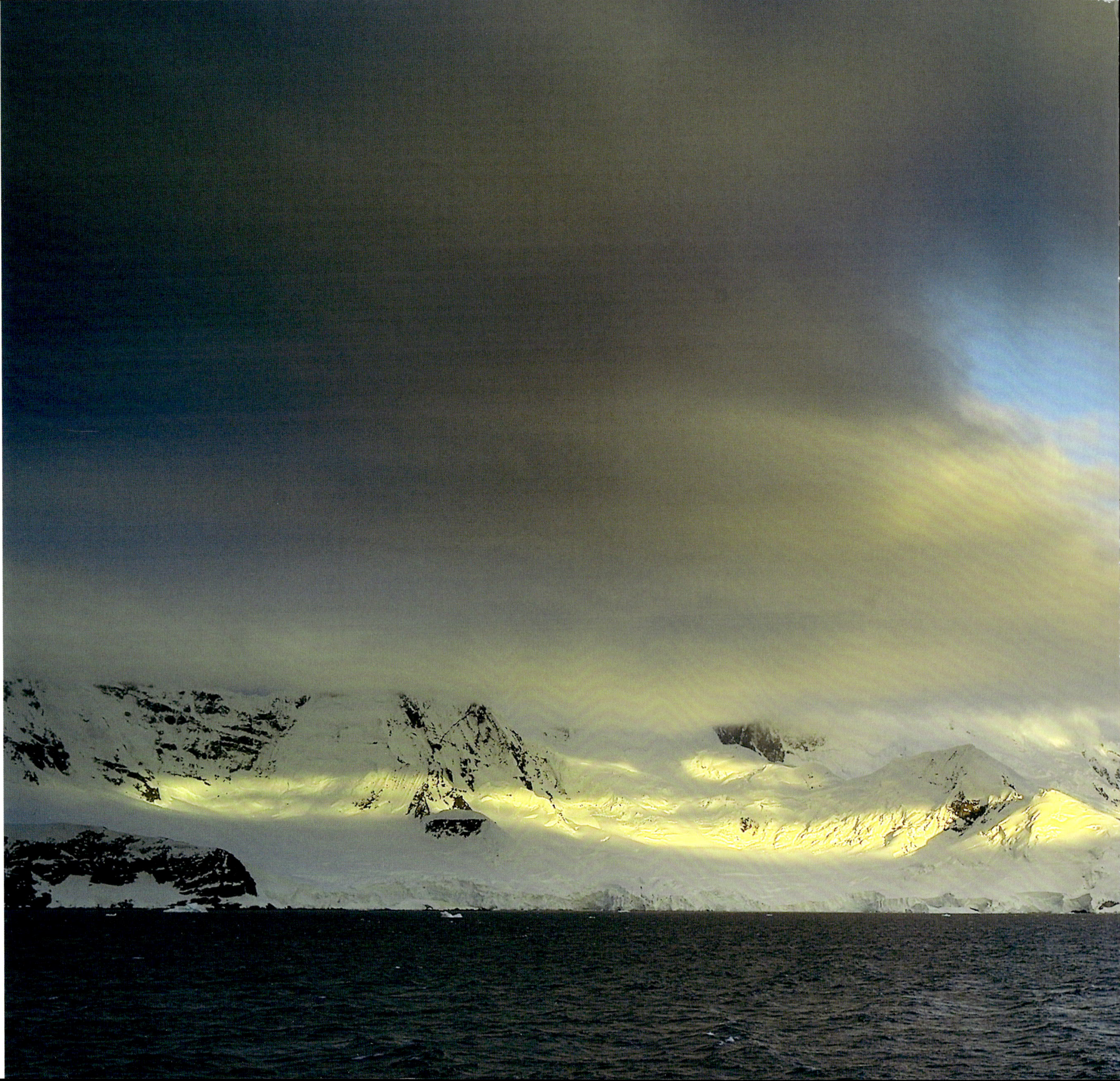

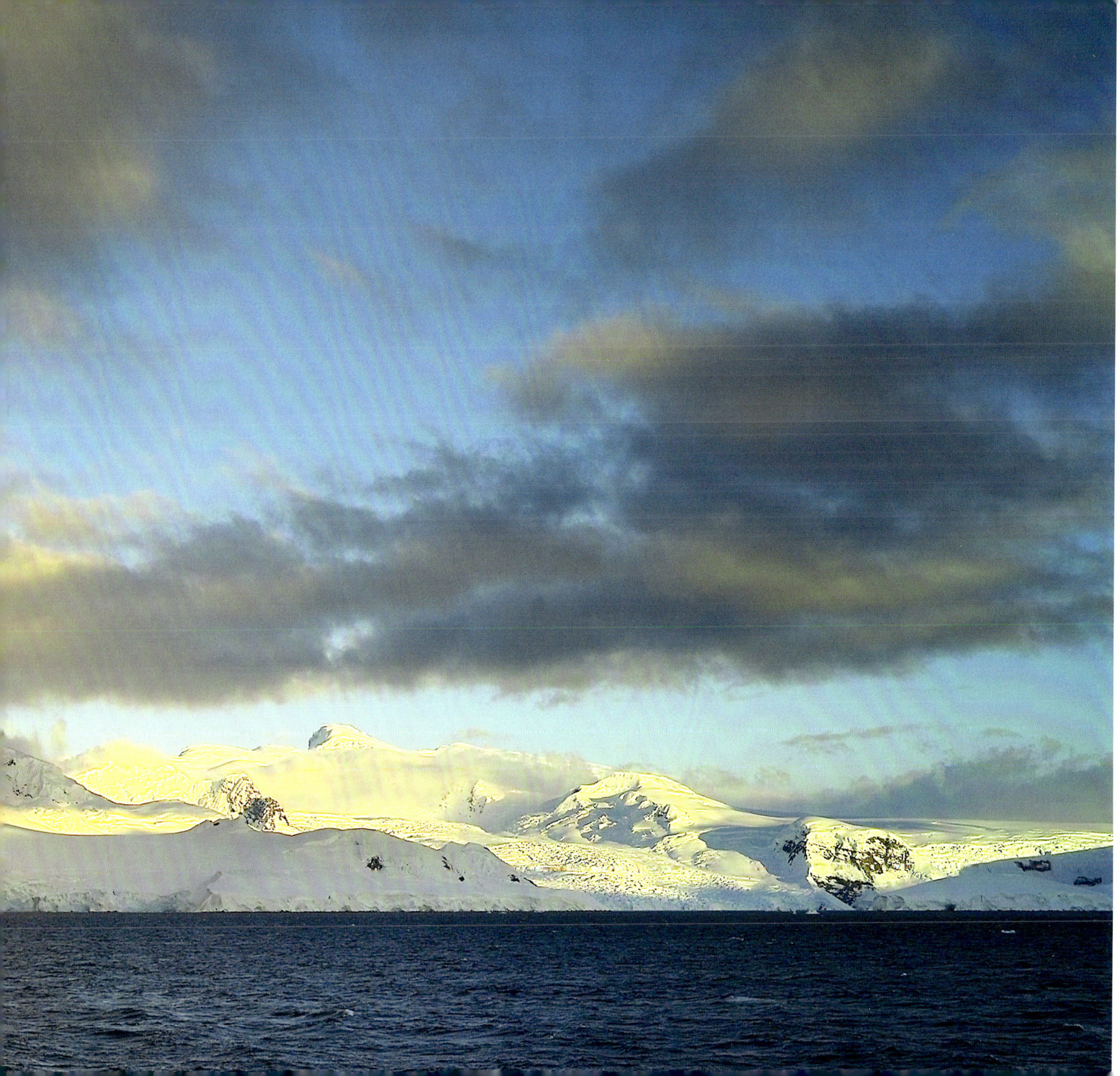

Impressum

Alle Fotos sind vom Autor, ausgenommen die hier ausgewiesenen:

Arco Images	S. 14, 16, 23, 25, 27, 29, 32, 34, 35, 42, 47, 65, 77, 79, 87, 96, 123
Mark Behrend	S. 149
Dr. Antje Kakuschke	S. 71, 107
Dr. Hermann Krog	S. 157, 158
Julia Reisinger	S. 9, 11

Bibliografische Information der Deutschen Nationalbibliothek
Die Deutsche Nationalbibliothek verzeichnet diese Publikation in der
Deutschen Nationalbibliografie;
detaillierte bibliografische Daten sind im Internet über
http://dnb.dnb.de abrufbar.

Reise in die Antarktis – Informationen zu Anlandungsstellen; Karl-Heinz Herhaus
Rangsdorf: Natur+Text 2022; 160 S.; 26 × 22 cm

© Verlag Natur+Text GmbH
Friedensallee 21, D-15834 Rangsdorf, Tel. 033708 20431
verlag@naturundtext.de; www.naturundtext.de

2., veränderte Auflage
Korrektorat: Mirjam Neuber
Einbandgestaltung, Layout und Satz: Reinhard Bär, Christof Ehrentraut
Gesetzt aus der Franklin Gothic und Felix Titling
Druck und Bindung: Westermann Druck Zwickau GmbH
Gedruckt auf Magno Satin 150 g

Das Werk ist urheberrechtlich geschützt.

ISBN 978-3-942062-48-0

Pelzrobbe auf Südgeorgien

Inhalt

Vorwort	10
Falklandinseln	12
Westfalkland	
New Island	14
West Point Island	16
Steeple Jason	18
Carcass Island	20
Saunders Island	22
Ostfalkland	
Volunteer Beach	24
Kidney Cove	26
Gipsy Cove und Yorke Bay	28
Stanley	30
Bleaker Island	32
Sea Lion Island	34
Barren Island	36
George Island	38
Südgeorgien	40
Elsehul	43
Salisbury Plain	44
Prion Island	46
Prince Olav Harbour	48
Fortuna Bay	50
Leith Harbour	52
Stromness	54
Jason Harbour	56
Maiviken	58
Grytviken	60
Cobblers Cove	64
Godthul	66
Ocean Harbour	68
St. Andrews Bay	70
Royal Bay und Beaufoy Cove	72
Gold Harbour	74
Cooper Bay	76
Drygalski-Fjord	78
Südliche Sandwichinseln	80
Südliche Orkneyinseln	82
Laurie Island	84
Shingle Cove (Coronation Island)	86
Südliche Shetlandinseln	88
Elephant Island	89
Point Wild	91
Cape Lookout	91
Penguin Island	92
King George Island	93
Turret Point	94
Ardley Island	95
Barrientos Island	97
Yankee Harbour (Greenwich Island)	98
Half Moon Island	99
Deception Island	102
Whalers Bay	103
Baily Head	105
Pendulum Cove	106
Telefon Bay	107

Rechte Seite oben: Auf Detaille Island

Unten: Eselspinguine auf Danco Island

Hannah Point (Livingston Island)	108
Antarktische Halbinsel	110
Snow Hill Island	112
Seymour Island	114
Paulet Island	116
Brown Bluff	117
Antarctic Sound	120
Mikkelsen Harbour und D'Hainault Island	122
Portal Point	124
Melchior Islands	126
Cuverville Island	128
Rongé Island	130
Danco Island	132
Neko Harbour	134
Paradise Bay	136
Neumayer Channel	138
Port Lockroy (Goudier Island)	140
Jougla Point	143
Dorian Bay	144
Torgersen Island	146
Lemaire Channel	148
Port Charcot	150
Pléneau Island	151
Petermann Island	153
Argentine Islands	154
Südamerika	156
Kap Hoorn	157
Ushuaia	159

Vorwort

Ein Besuch im Südlichen Ozean begeistert wohl jeden Reisenden: Jene auf großen Schiffen mit 500 Passagieren und mehr und jene, die mit kleineren Schiffen und weniger als 200 Gästen an Bord unterwegs sind. Wer die grandiose Eis- und Gletscherwelt der Antarktischen Halbinsel und die beeindruckende Bergkulisse von Südgeorgien nur vom Meer aus erleben will, ist auf den großen Schiffen willkommen, denn Schiffe mit mehr als 500 Passagieren dürfen ihre Gäste nicht an Land lassen.

Wer die Faszination der südpolaren Tierwelt hautnah erleben will, ist auf kleineren Schiffen besser aufgehoben. Die Wahrnehmung einer Pinguinkolonie oder einer Gruppe massiger See-Elefanten oder das intensive Begrüßungsritual von Schwarzbrauenalbatrossen ist um ein Vielfaches emotionaler, wenn die Farben der Tiere, ihre Geräusche, ihre Blicke, ihr Streiten, Kämpfen und Liebkosen, ihr sorgsames Kümmern um den Nachwuchs und gelegentlich auch ihr Geruch aus der Nähe unmittelbar erlebt werden können. Kleinere Schiffe können und dürfen sich wegen ihres geringen Tiefgangs den Stränden und Buchten so weit nähern, dass die Passagiere in Schlauchbooten – begleitet von erfahrenen Lektoren – an Land gehen können. Allerdings haben nur wenige kleinere Schiffe die notwendige Eisklasse „E4", die es ihnen erlaubt, Routen bis zu einer bestimmten Eisdicke und Eisbedeckung zu befahren (vgl. die Eisklassen in Bd. I, S. 139).

Expeditionsschiffe der meisten Reedereien verfügen über diese hohe Eisklasse und bieten alle Voraussetzungen für spannende und faszinierende Anlandungen im Südlichen Ozean.

Die hier beschriebenen Anlandungsstellen beruhen auf eigenen Erfahrungen und Erlebnissen, auf Darstellungen in der aktuellen Antarktisliteratur und auf den Informationen von Schiffskapitänen, Lektoren und Crewmitgliedern. Die Informationen erheben keinen Anspruch auf Vollständigkeit.

Die Beschreibung der verschiedenen Anlandungsstellen beschränkt sich auf das Gebiet im südlichen Atlantischen Ozean. Aus Sicht deutscher Reiseanbieter sind damit 95 Prozent der möglichen Touren abgedeckt. Die Anlandungsstellen, die von Schiffen aus Hobart auf Tasmanien oder Bluff auf Neuseeland angelaufen werden, sind hier nicht erfasst.

Rechte Seite: Adéliepinguine am Strand von Brown Bluff

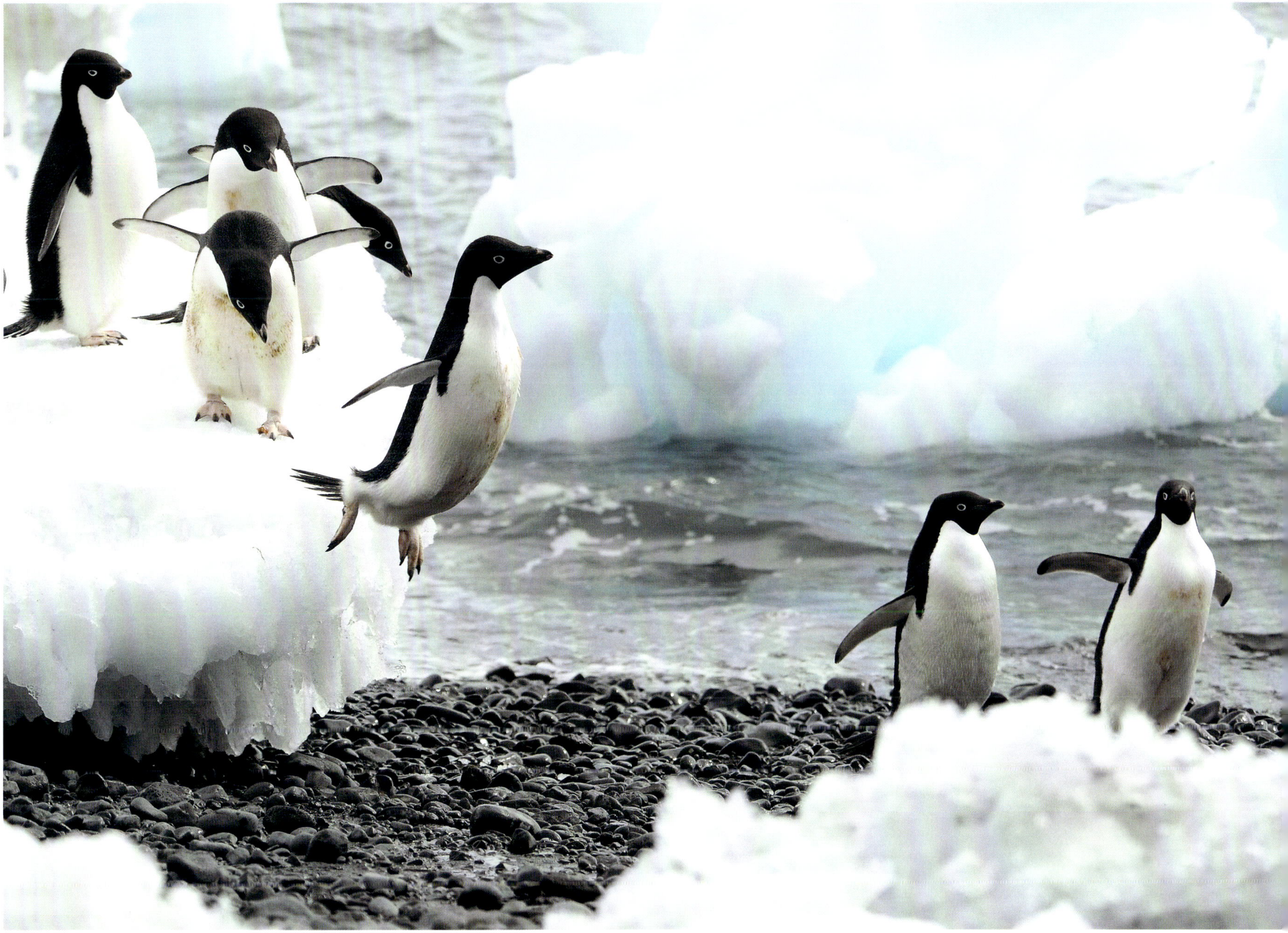

Anlandungsstellen auf den Falklandinseln

(Quelle der Grafiken und Karten: Cartomedia Karlsruhe und eigene Karten)

Stimmungsvolle Impressionen von den Falklandinseln und der Antarktis präsentiert das erfolgreiche Schweizer Filmteam Priska und Ruedi Abbühl auf ihrem Youtube Kanal unter www.youtube.com/user/Abbuehl/videos.

Quelle: www.meteomanz.com

Monatliche Durchschnittstemperaturen und -niederschläge für die Falklandinseln
(Mt. Pleasant Airport 2019–2021)

	Jan	Feb	Mär	Apr	Mai	Jun	Jul	Aug	Sep	Okt	Nov	Dez
Durchschnittstemperatur nach Monat [C°]	11,1	10,8	10,0	7,6	4,6	3,4	2,4	3,1	5,2	7,2	9,5	10,5
Durchschn. Niederschlag nach Monat [mm]	34,9	18,7	7,8	22,0	21,4	15,3	15,3	20,0	8,4	k. A.	k. A.	k. A.

Die Reihenfolge der im folgenden dargestellten Anlandungsstellen orientiert sich am Uhrzeigersinn. Es beginnt mit New Island, der westlichsten Insel des Archipels und endet mit George Island.

Eselspinguine vor Carcass Island

New Island

Oben: Annäherung an Coffins Harbour im frühen Morgenlicht.

Mitte: Blutschnabelmöwe

Unten: Schwarzbrauenalbatrosse

New Island

- North Isl.
- North Bluff
- Cathedral Cliffs
- Saddle Isl.
- Landsend
- Precipice Hill 225 m
- Bold Hill 160 m
- Bold Point
- Ship Harbour
- North Harbour
- The North End
- Main Rookery
- Rookery Hill
- Ship Island
- Coffins Harbour
- Beef Isl.
- Cliff Peak
- Coffin Island
- Grand Cliff
- South End
- Snow Hill
- Eddy Point
- Strong Tide Point

- ■ Barnard Museum
- ○ Magellanpinguine
- ● Königspinguine
- ● Eselspinguine
- ● Felsenpinguine
- ● Königskormorane
- ● Schwarzbrauenalbatrosse
- ● Pelzrobben

Höhe in Meter über Meeresspiegel: 200 / 100 / 50 / < 50

0 km 1

14

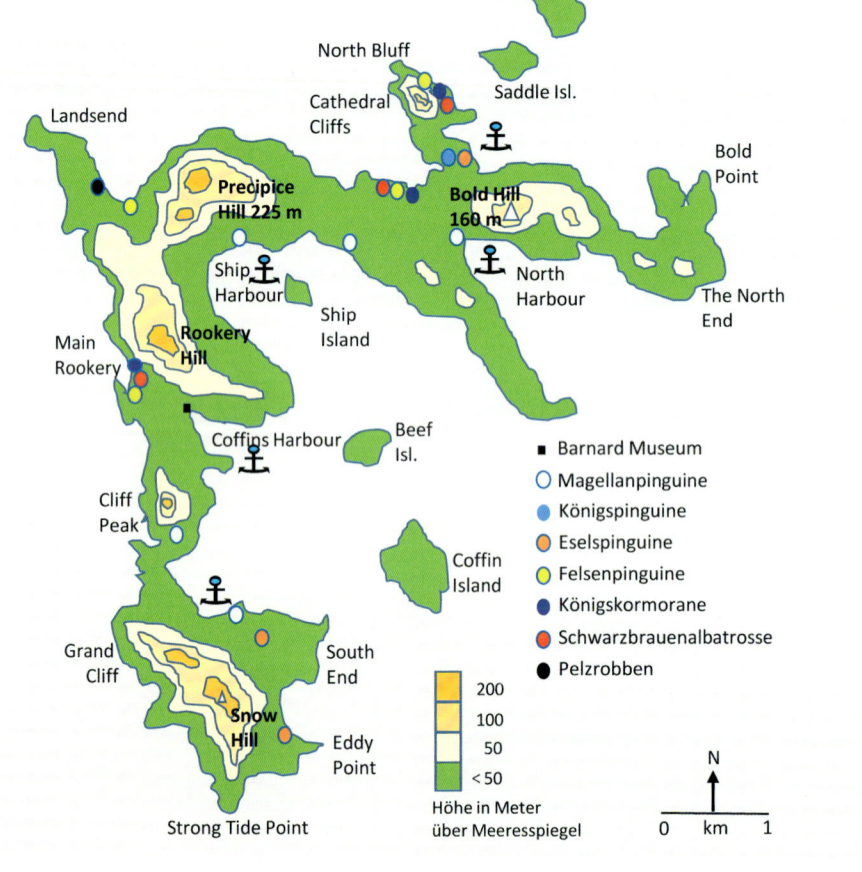

Mit dem südlich gelegenen Beaver Island sind beide Inseln die am weitesten westlich gelegenen Landesteile der Falklandinseln. New Island ist bei einer Ausdehnung von 13 Kilometern etwa 22 Quadratkilometer groß. Das von vielen Buchten eingerahmte und von niedrigen Hügeln bedeckte Eiland wurde erstmals um 1770 von amerikanischen Walfängern und später von englischen Schafzüchtern besiedelt. Die Insel ist ein von Toni Chater und Ian Strange umsorgtes Naturschutzgebiet mit pittoresken Landschaften, sandigen Stränden im Osten und steilen, felsigen Küstenabschnitten im Norden und Westen.

An der gesamten Küste zwischen Ship Harbour, North Harbour und North Bluff tummelt sich eine vielfältige Fauna. New Island ist eine der artenreichsten Inseln des Falkland-Archipels.

Zur Besonderheit der Insel gehört die im Süden gelegene, große Kolonie von Dünnschnabel-Sturmvögeln, eine der weltweit größten Kolonien dieser Tierart.

Nach der Anlandung an dem herrlichen Sandstrand von Coffin Harbour erreicht man über eine leicht ansteigende Tussockgrassenke, in der viele Vogelarten brüten, nach 15 Gehminuten Main Rookery. Hier erwartet den Besucher eine Kolonie von Felsenpinguinen, die zusammen mit Schwarzbrauenalbatrossen an einem steilen, felsigen Küstenabschnitt brüten, der sich – einem riesigen, lauten Amphitheater gleich – zur Küste hin öffnet. Die Szenerie ist beeindruckend. Unweit nördlich dieser Kulisse hat sich eine Kolonie von Königskormoranen niedergelassen und man sieht Felsenpinguine, die mit der Nahrungsbeschaffung für ihre Jungtiere beschäftigt sind. Dazu muss je ein Elternteil den steilen Abhang zur Küste bewältigen, während der andere Elternteil die gierigen Skuas im Auge behält. Albatrosse kreisen majestätisch über dem Abhang und suchen sich schließlich die beste Einflugschneise für die Landung über ihrer Brutstätte. Die sich anschließende ausgiebige Begrüßung des Partners ist wirklich sehenswert.

Am oberen Rand des steilen Abhangs ist ausreichend Platz, um die Tiere zu beobachten. Achtung beim Marsch durch das Tussockgras: Es ist tückisch, über die festen Stümpfe und rutschigen Flanken zu balancieren.

Wenn es der Zeitplan des Kapitäns erlaubt, sollten Sie einen Abstecher zum Rookery Hill machen, um einen Blick auf die Bucht zwischen Landsend und Precipice Hill zu werfen. Nach einem mittelschweren Anstieg werden Sie mit einem beeindruckenden Blick auf eine Kolonie von Pelzrobben belohnt.

Zurück an der Anlandungsstelle in Coffin Harbour kann das kleine Barnard Memorial Museum, eine Steinhütte, in der auch ein kleiner Souvenirshop betrieben wird, besichtigt werden.

Im nördlichen Teil der Insel bieten drei Buchten die Gelegenheit zum Ankern. Über Ship Harbour kann man zum Strand der Pelzrobben wandern, der auch von Rookery Hill gut erreichbar ist. Vorbei an Magellan-Pinguinen lohnt eine kleine Wanderung in Richtung North Bluff, wo man Schwarzbrauenalbatrosse, Felsenpinguine, Königskormorane und sogar einige wenige Königspinguine beobachten kann.

Felsenpinguin

Mögliche Tierbeobachtungen

Felsenpinguine
Königspinguine
Magellanpinguine
Schwarzbrauenalbatrosse
Raubmöwen
Magellan-Gänse
Falkland-Drosseln
Truthahngeier
Königskormorane
Falkland-Karakaras
Blutschnabelmöwen
Dünnschnabel-Sturmvögel
Pelzrobben

West Point Island

Cliff Mountain

Mt. Ararat

Woolly Gut

Ansiedlung

West Point Island

- Cape Terrible
- Karl's Cove
- Byron Sound
- Mount Ararat 242 m
- Devil's Nose
- Woolly Gut
- Cliff Mountain 368 m

Legende:
- 🔵 Magellanpinguine
- 🟡 Felsenpinguine
- 🟠 Schwarzbrauenalbatrosse
- Commerson und Peale Delfine
- ■ Napier-Ansiedlung

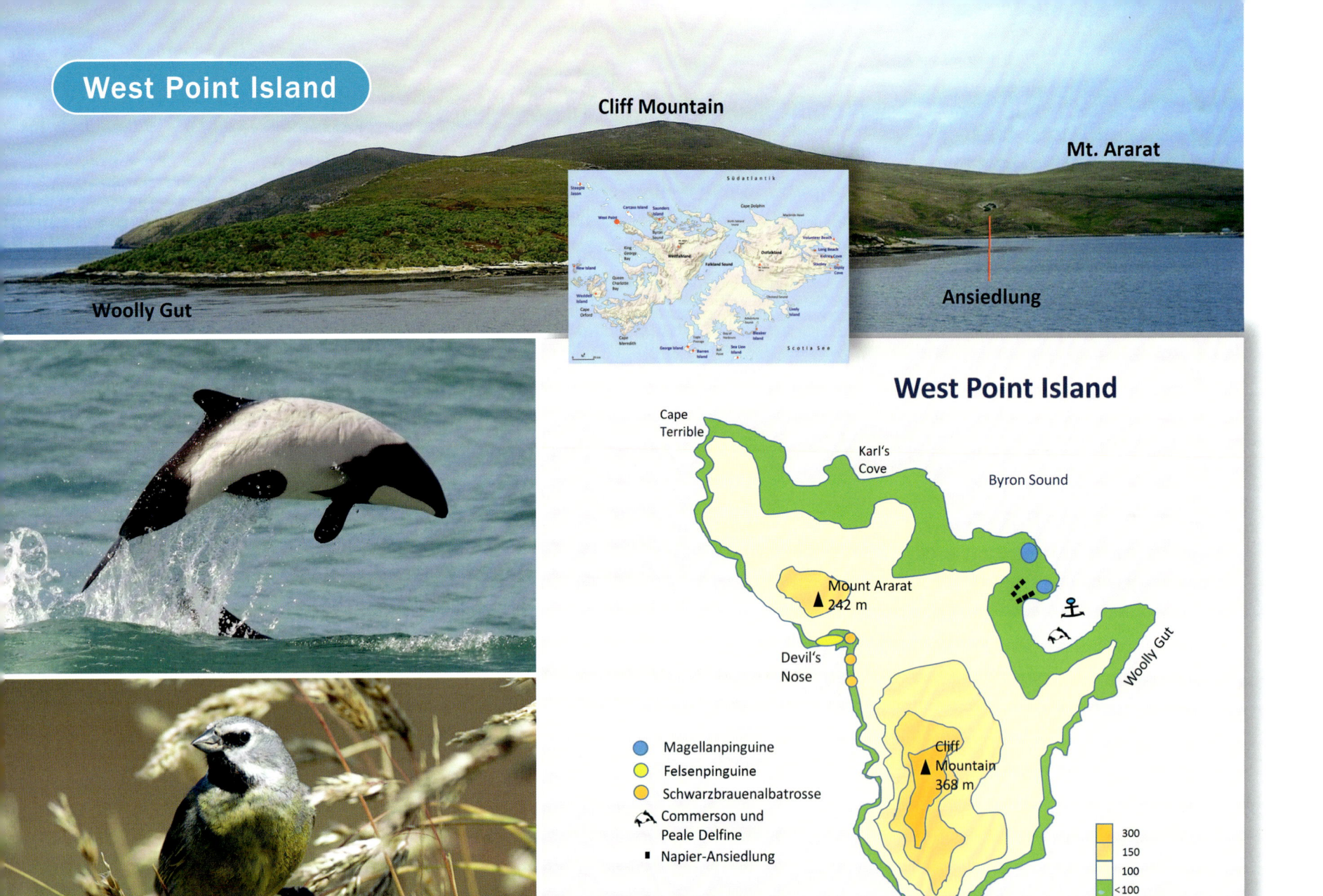

Höhe in Meter über Meeresspiegel:
- 300
- 150
- 100
- <100

N

0 — km — 1

16

Die 1 200 Hektar große Insel liegt etwa zehn Kilometer südwestlich von Carcass Island.

In den 1920er Jahren wurden hier über viele Jahre Pinguine und Seelöwen zur Ölgewinnung gejagt. Heute lebt die Familie von Lily und Roddy Napier von der Schafzucht und der Bewirtung gelegentlicher Kreuzfahrtgäste, die die Gastfreundschaft der beiden, ihren köstlichen Tee und die nicht weniger schmackhaften, selbstgebackenen Kuchen zu schätzen wissen.

Roddys Großvater gründete 1860 einen Bauernhof, an dessen Standort noch heute die Ansiedlung der Napiers liegt. Neben den Schafen haben sie einige Milchkühe und einen Gemüsegarten. Doch ganz ohne externe Hilfe geht es dennoch nicht und so landet in regelmäßigen Abständen ein Flugzeug auf dem Landeplatz nördlich der Wohnhäuser, um diesen Außenposten der falkländischen Zivilisation zu versorgen.

Wenn das Kreuzfahrtschiff durch die enge Passage Woolly Gut zwischen der Insel und der westlichsten Spitze von Westfalkland hindurchfährt, kann man schon recht früh die Ansiedlung der Napiers sehen. Während der Fahrt mit dem Schlauchboot vom Schiff zu einer weit ins Wasser hineinragenden Rampe werden die Zodiacs häufig von neugierigen Commerson- und Peale Delfinen oder von springenden Magellan-Pinguinen begleitet. Letztere haben sich ihre Nisthöhlen unter der Grasnarbe entlang der Bucht gebaut. Auf jeden Fall ist hier, auch bei unterschiedlichen Tidehöhen, eine trockene Anlandung möglich. An dieser Seite der Küste gleitet das Land sanft ins Wasser, während an der gegenüberliegenden Westküste wegen der bis zu 300 Meter hohen Klippen eine Anlandung unmöglich ist. Doch gerade diese Küste ist das eigentliche Highlight der Insel: Devil´s Nose. An dieser großen, nach Südwesten offenen Bucht leben Felsenpinguine und Schwarzbrauenalbatrosse.

Zwischen den Häusern der Napiers und Devil´s Nose liegen Luftlinie gerade mal zwei Kilometer, sodass der Weg leicht zu Fuß bewältigt werden kann. Der Hinweg ist ein wenig beschwerlicher und führt über die nördlichen Flanken des Cliff Mountain bergauf. Der Rückweg ist entsprechend leichter. Der Weg führt über ausgedehnte Grasflächen und kurz vor Devil´s Nose an einer großen Fläche mit dichtem Tussockgras vorbei.

Der erste Eindruck von Devil´s Nose ist überwältigend, vor allem wenn der Besuch im Licht des späten Nachmittags stattfindet und die Sonne die dramatische Szenerie erleuchtet. Steile Klippen, felsige Abgründe, das Fiepen der Felsenpinguine und die Flugmanöver der Albatrosse, die ihre Nester an den Felshängen ansteuern. Die „Nase" ist ein Felsvorsprung in der Bucht, der die Dramatik der grauen Felsküste noch verstärkt, ein Platz, an dem man stundenlang sitzen bleiben und genießen kann.

Weil rundum so viel passiert, muss man sich eigentlich nicht bewegen. Erst wenn man alles erfasst hat, ergeben sich die besten Fotomotive und die Kamera kommt gezielt zum Einsatz. Genießen Sie jeden Moment an einem Ort, der zu den spektakulärsten Anlandungen der Falklandinseln zählt.

Linke Seite oben: Blick auf West Point vom nördlichen Ende der Westpoint-Passage Woolly Gut.
Mitte: Commerson Delfin
Unten: Schwarzkehl-Ammerfink

Mögliche Tierbeobachtungen

Felsenpinguine
Magellanpinguine
Falkland-Dampfschiffenten
Falkland-Karakaras
Schwarzbrauenalbatrosse
Falkland-Pieper
Schwarzkehl-Ammerfinken
Buschzaunkönige
Schwarzkronen-Nachtreiher
Truthahngeier
Commerson und Peale
 Delfine

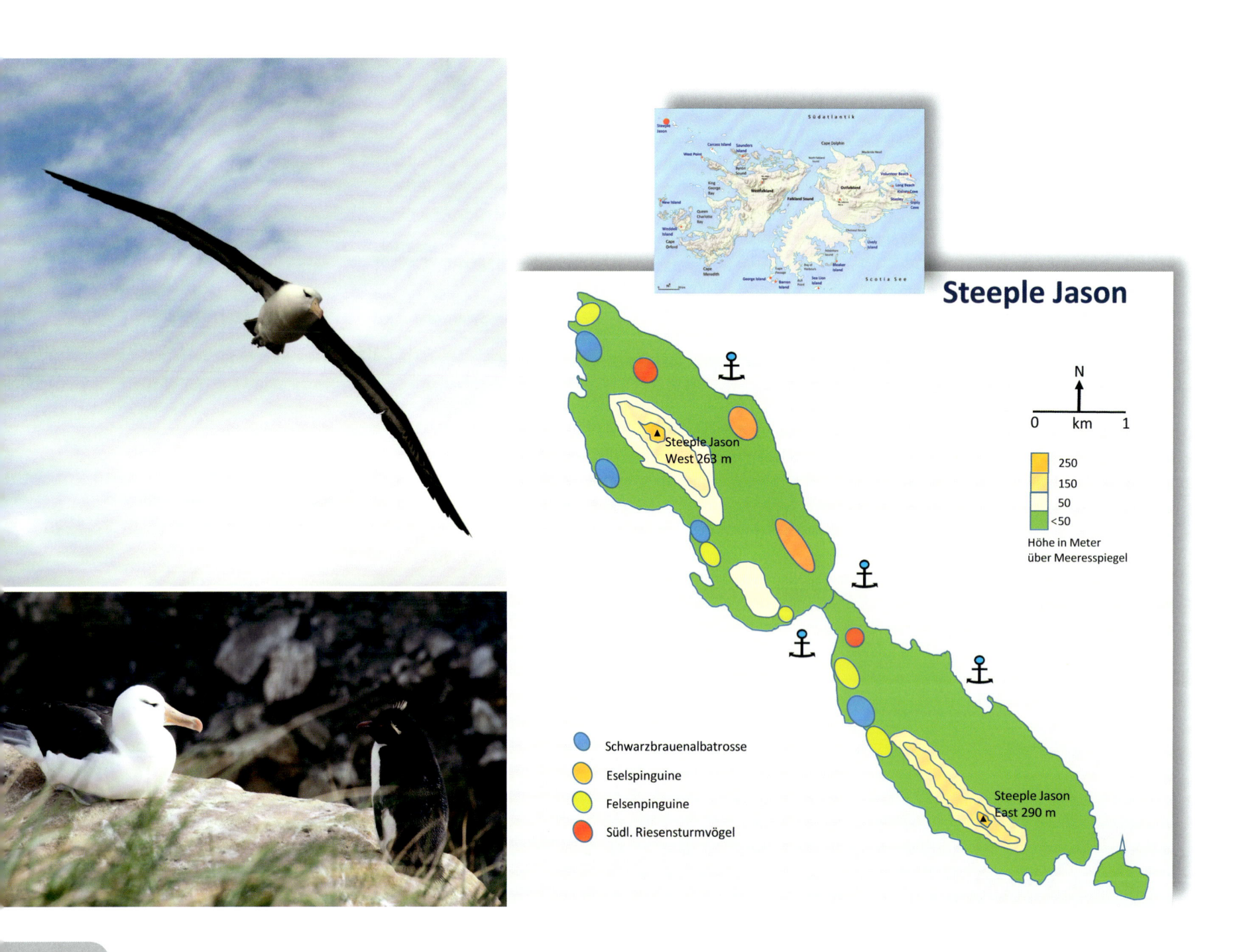

Steeple Jason

Höhe in Meter über Meeresspiegel
- 250
- 150
- 50
- <50

- 🔵 Schwarzbrauenalbatrosse
- 🟠 Eselspinguine
- 🟡 Felsenpinguine
- 🔴 Südl. Riesensturmvögel

Steeple Jason West 263 m
Steeple Jason East 290 m

Steeple Jason

Steeple Jason gehört zur Inselgruppe der Jason Islands, weit im Nordwesten der Falklandinseln. Die Insel ist etwa zehn Kilometer lang und bis 1,5 Kilometer breit. Bis auf zwei Erhebungen, die nicht ganz 300 Meter Höhe erreichen, ist die Insel flach mit großflächigem Grasbewuchs. Der westliche Küstenstreifen wird von Tussockgras geschmückt, während die Pflanze am nördlichen Rand kaum vorkommt. Ausgedehnte Seetangfelder rahmen die Insel ein.

Nachdem um 1600 der Holländer Sebald de Weert die kleine Inselgruppe in seinen Aufzeichnungen erwähnte, wurde sie zunächst „Sebaldines" oder „Islas de Salvajes" genannt. Die Namensänderung in Steeple Jason geht auf den britischen Captain John MacBride zurück. Dieser wurde um 1766 von der Britischen Admiralität mit seinem Schiff Jason zur Insel geschickt, um den dortigen Siedlern mitzuteilen, dass sich die Insel in britischem Besitz befindet.

Bewohnt im Sinne einer festen Ansiedlung war Steeple Jason nie. Es gab lediglich einfache Unterkünfte für Schaffarmer, die ihre Tiere bis Anfang der 1980er Jahre auf der Insel weiden ließen. Wenige Überreste aus dieser Zeit sind noch zu sehen. Heute sind Steeple Jason und das benachbarte Grand Jason Naturschutzgebiete, die von der Wildlife Conservation Society betreut werden.

Ein ornithologisches Highlight auf Steeple Jason ist die weltweit größte Kolonie von Schwarzbrauenalbatrossen. Mehr als 70 Prozent des weltweiten Bestandes dieser Tierart lebt auf den Falklandinseln.

Linke Seite oben: Mit einer speziellen Gleitflugtechnik schafft es der Albatros, viele hundert Kilometer über dem Meer ohne einen einzigen Flügelschlag zurückzulegen.

Unten: Nachbarschaftlicher Austausch: Schwarzbrauenalbatros und Felsenpinguin.

Rechte Seite: Falkland-Karakara

Mögliche Tierbeobachtungen

Eselspinguine
Felsenpinguine
Magellanpinguine
Schwarzbrauenalbatrosse
Raubmöwen
Tussockvögel
Falkland-Karakaras
Südliche Riesensturmvögel
Königskormorane

Carcass Island

Carcass Island

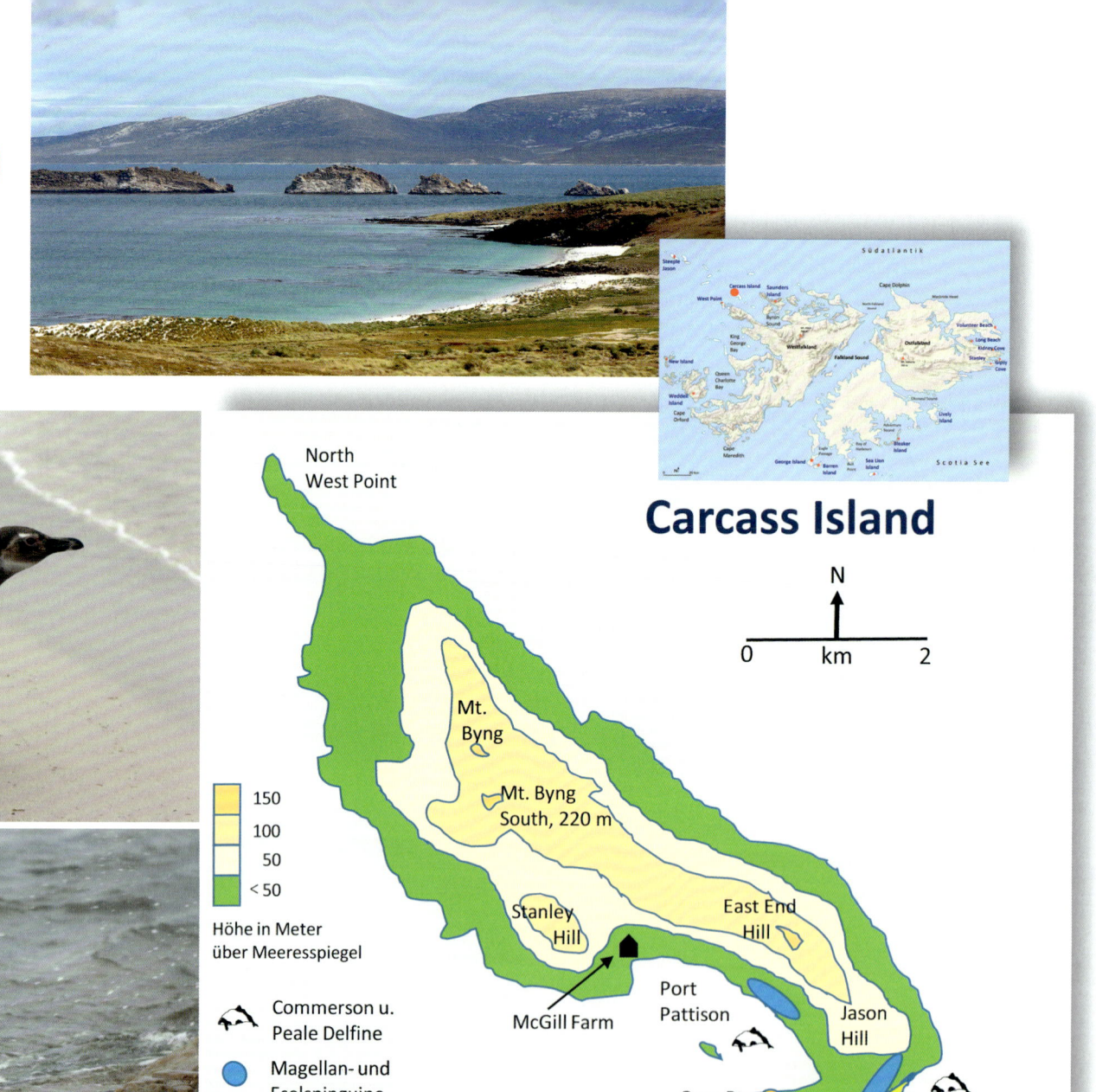

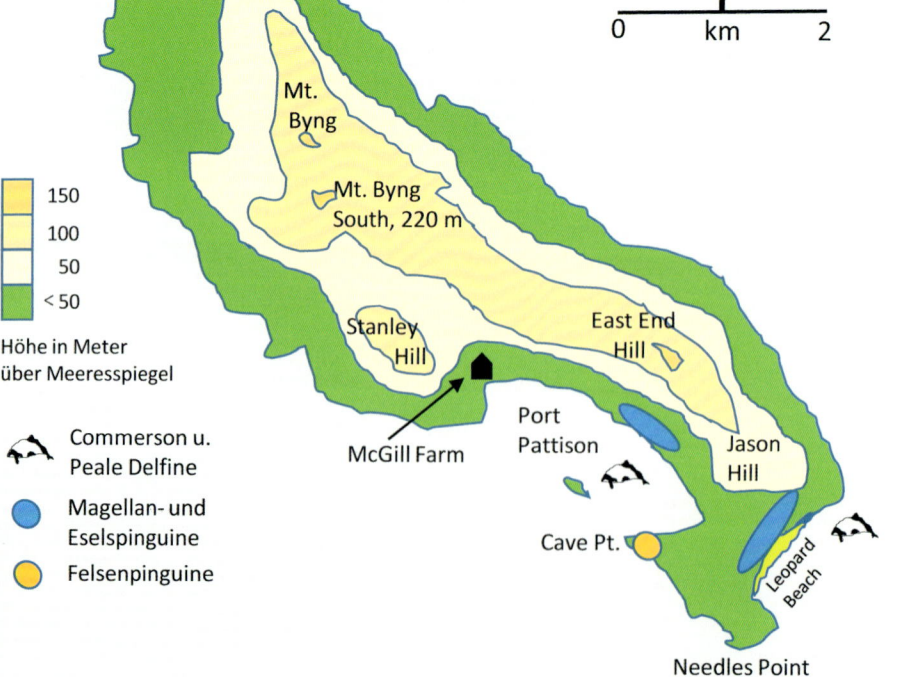

N
0 km 2

- 150
- 100
- 50
- < 50

Höhe in Meter über Meeresspiegel

- Commerson u. Peale Delfine
- Magellan- und Eselspinguine
- Felsenpinguine

North West Point
Mt. Byng
Mt. Byng South, 220 m
Stanley Hill
East End Hill
McGill Farm
Port Pattison
Jason Hill
Cave Pt.
Leopard Beach
Needles Point

20

Linke Seite oben: Blick auf Leopard Beach

Mitte: Zwei junge Magellanpinguine beobachten das Gezänk der Eselspinguine auf den Felsen kurz vor der Küste.

Unten: Begehrter Platz mit Überblick

Rechte Seite links: Wer kann dem Kuchen der McGills widerstehen?

Rechts: Falkland-Karakara

Das etwa 1 900 Hektar große Carcass Island liegt in der zerklüfteten Inselwelt im Nordwesten von Westfalkland. Die Insel ist rattenfrei, deswegen lebt hier eine artenreiche Vogelwelt.

Ständige Bewohner sind die McGills, die von der Schafzucht und von den Besuchen der Kreuzfahrer im Sommer leben, die bei ihnen einen leckeren Kuchen und die herzliche Gastfreundschaft genießen können.

Die häufig genutzte Anlandungsstelle liegt im Port Pattison, einer malerischen Bucht vor der McGill-Farm. Mit den Zodiacs geht es zunächst durch einen dichten Unterwasserwald aus Meerestang. Die Pflanze wird hier Kelp genannt und findet ideale Bedingungen in den Buchten der falkländischen Inselwelt. Sie kann bis 30 Zentimeter pro Tag wachsen, über 50 Meter lang werden und ein enormes Gewicht erreichen.

In den Gewässern um Port Pattison tummeln sich Commerson und Peale Delfine und verschiedene Meeresvögel, die beobachten, wie die Kreuzfahrer in ihren schwarzen Schlauchbooten am flachen Sandstrand vor der Farm anlanden.

Nach einer kalorienreichen Stärkung und einem kleinen Schwätzchen mit den Gastgebern bei Kaffee oder Tee bietet sich ein gut einstündiger Weg durch Krähenbeerenheide und Tussockgras zum Leopard Beach an, wo sich ein buntes Treiben von Esels- und Magellan-Pinguinen an einem herrlich weißen Sandstrand beobachten lässt.

Mögliche Tierbeobachtungen

Eselspinguine
Magellanpinguine
Magellan-Gänse
Rotkopfgänse
Tanggänse
Falkland-Karakaras
Falkland-Dampfschiffenten
Soldatenstärlinge
Magellan-Drosseln
Falkland-Pieper
Tussockvögel
Commerson und Peale
 Delfine

Saunders Island

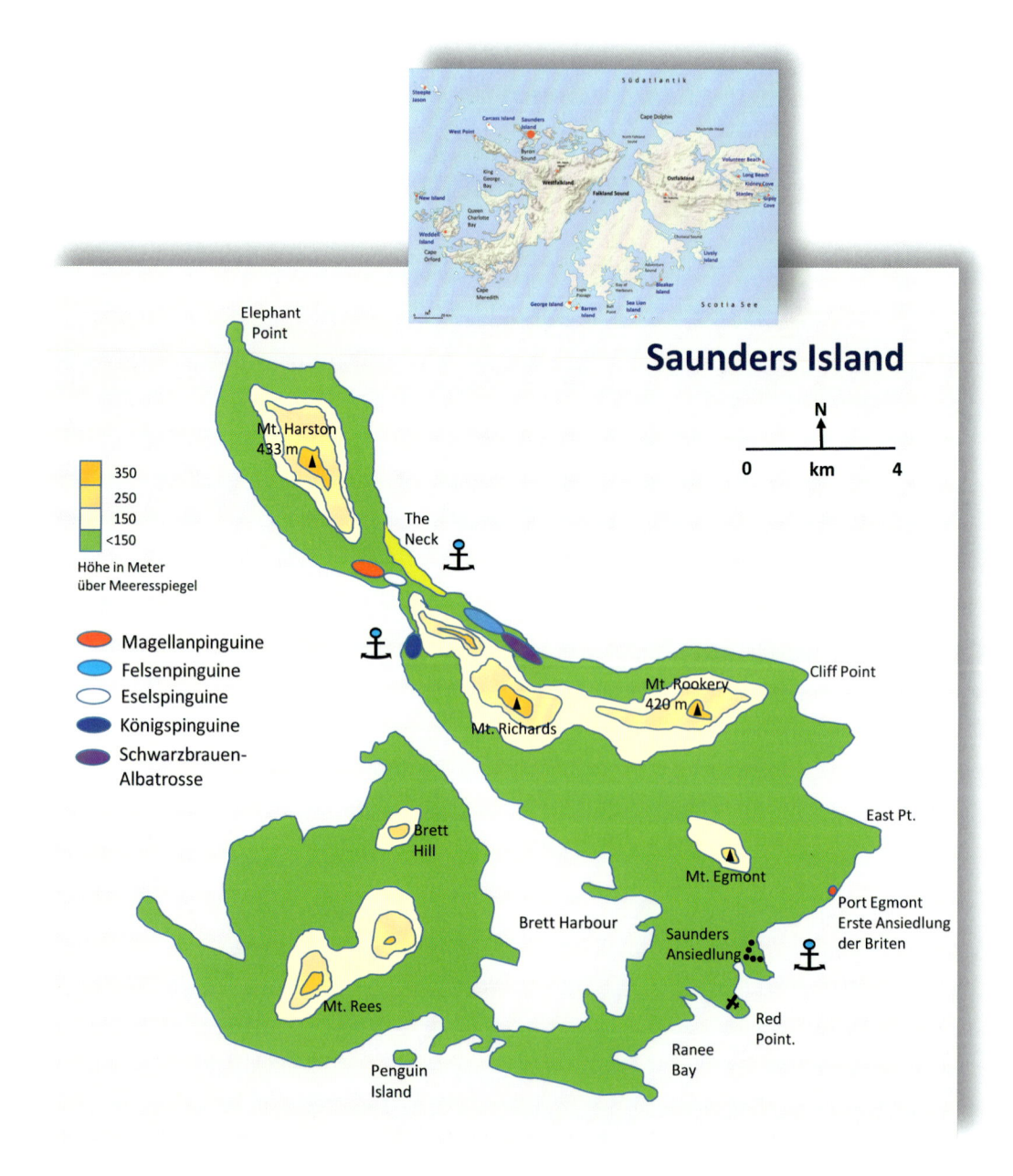

Rolland-Taucher

Saunders Island liegt nördlich von Westfalkland und ist mit einer Größe von 132 Quadratkilometern die viertgrößte Insel der Falklandgruppe. Auf der Insel gibt es nur zwei Anlandungsstellen.

Bevor die Briten 1765 unter John Byron in Port Egmont die erste Siedlung gründeten, siedelten sich bereits seit 1764 Franzosen an. Zunächst waren das Seeleute aus St. Malô, die sich in Port Louis auf Ostfalkland niedergelassen hatten. Ihre Heimatstadt führte zu dem Namen „Malvina", der noch heute im spanischen Sprachraum für die Falklandinseln geläufig ist.

In der Nähe der südöstlichen Bucht, unterhalb von Port Egmont, kann man die Familien von Tony und David Pole-Evans besuchen. Sie kauften die Insel 1987 und bewirtschaften sie vorwiegend als Schaffarm. Kreuzfahrtgäste sind ihnen herzlich willkommen. Unterhalb der Ansiedlung dehnt sich ein langer weißer Sandstrand aus. Würden nicht Pinguine aus den oft hohen Wellen an Land springen, hätte man den Eindruck, in den Tropen zu sein.

Südlich der Ansiedlung wurde eine Start- und Landebahn für kleine Versorgungsflugzeuge errichtet.

Über die Anlandungsstelle am nordöstlichen Strand erreicht man über kurze Wege eine reiche Vogelwelt. „The Neck" wird die nur etwa 500 Meter schmale Landenge genannt, den an beiden Seiten von herrlichen Sandstränden begrenzt wird. Hier trifft man die „Big Four der Falklandinseln": Esels-, Magellan-, Felsen- und einige Königspinguine. Achten Sie bitte darauf, den Tieren, die uns so neugierig erscheinen, nicht zu nahe zu kommen. Bitte vermeiden Sie den Gang an der Küstenlinie, um nicht zwischen den Tieren und dem Wasser zu stehen. Das macht den Tieren Angst, weil sie ihren Fluchtweg als abgeschnitten wahrnehmen.

Mögliche Tierbeobachtungen

Felsenpinguine
Eselspinguine
Königspinguine
Magellanpinguine
Schwarzbrauen Albatrosse
Commerson und Peale Delfine
Königskormorane
Südamerikanische Austernfischer
Magellan-Austernfischer
Falkland-Dampfschiffenten
Kelpgänse
Falkland-Karakaras
Rolland-Taucher

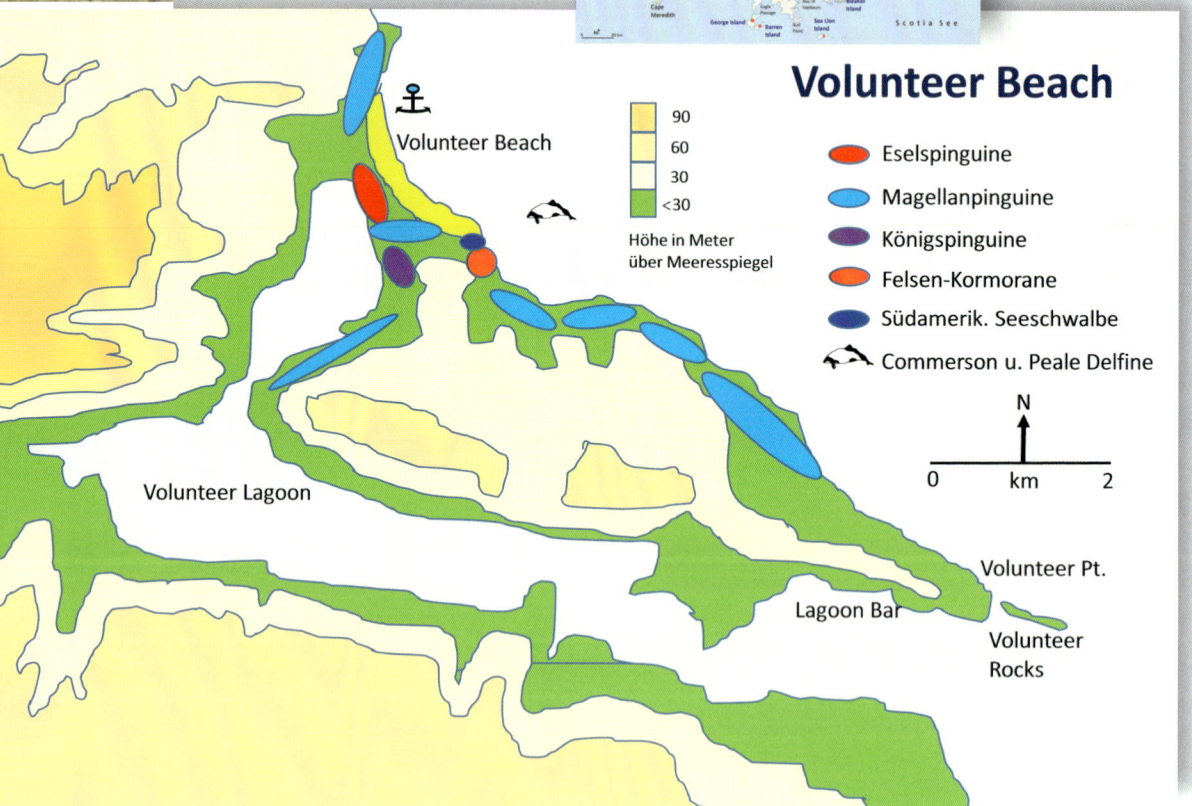

Volunteer Beach

Höhe in Meter über Meeresspiegel
- 90
- 60
- 30
- <30

- 🔴 Eselspinguine
- 🔵 Magellanpinguine
- 🟣 Königspinguine
- 🔴 Felsen-Kormorane
- 🔵 Südamerik. Seeschwalbe
- 🐬 Commerson u. Peale Delfine

N
0 km 2

Volunteer Beach
Volunteer Lagoon
Lagoon Bar
Volunteer Pt.
Volunteer Rocks

24

Volunteer Beach

Linke Seite oben: Eselspinguine
Mitte: Magellanpinguine
Unten: Ausgewachsener Königspinguin
Rechte Seite: Peale Delfin

Volunteer Beach liegt nördlich von Stanley auf Ostfalkland. Hier befindet sich die größte Kolonie von Königspinguinen auf den Falklandinseln. Etwa tausend Tiere ziehen jedes Jahr etwa 500 Jungtiere auf. Außerdem leben hier ca. 1 500 Brutpaare der Eselspinguine und mehrere tausend Magellan-Pinguine, die an vielen Küstenabschnitten entlang der Halbinsel brüten. Insgesamt leben 40 Vogelarten auf der Halbinsel.

Bei einem Spaziergang über die Insel läuft man über saftig grüne, vom Meer her leicht ansteigende Wiesen, die am Volunteer Beach in einem herrlich weißen Sandstrand münden.

Volunteer Point heißt die vom Berkeley Sound und der Volunteer Lagoon eingerahmte Halbinsel, die über eine Landenge mit dem Festland verbunden ist. Hier liegen auch der flache nördliche und der südliche Ausläufer der Anlandungsstelle von Volunteer Beach. Mit etwas Glück und je nach Reisemonat werden die anlandenden Zodiacs von neugierigen Commerson Delfinen und springenden Pinguinen begleitet. Von Volunteer Beach kommend kann man fußläufig in relativ kurzer Zeit einen guten Beobachtungspunkt erreichen. Am wenigsten störend für die Tiere und dennoch beeindruckend ist es, wenn Sie sich einen etwas erhöhten Sitzplatz im hinteren Teil des Strandes suchen und einfach nur das Treiben der Tiere beobachten und auf sich wirken lassen. Je weniger Sie sich bewegen, desto weniger stören Sie die Tiere und können ihre ganze Aufmerksamkeit auf deren Beobachtung verwenden. Achten Sie insbesondere auf einen ausreichend großen Abstand, wenn Königspinguine ein Ei auf ihren Füßen tragen. Die Tiere sind dann bewegungsmäßig eingeschränkt. Sollten sie gestört werden und sogar die Flucht ergreifen, würde das den Verlust des Eis bedeuten, weil sich Raubvögel umgehend die fette Beute schnappen würden.

Mögliche Tierbeobachtungen
Eselspinguine
Königspinguine
Magellanpinguine
Blauaugenkormorane
Hochland- und Kelpgänse
Commerson und Peale Delfine

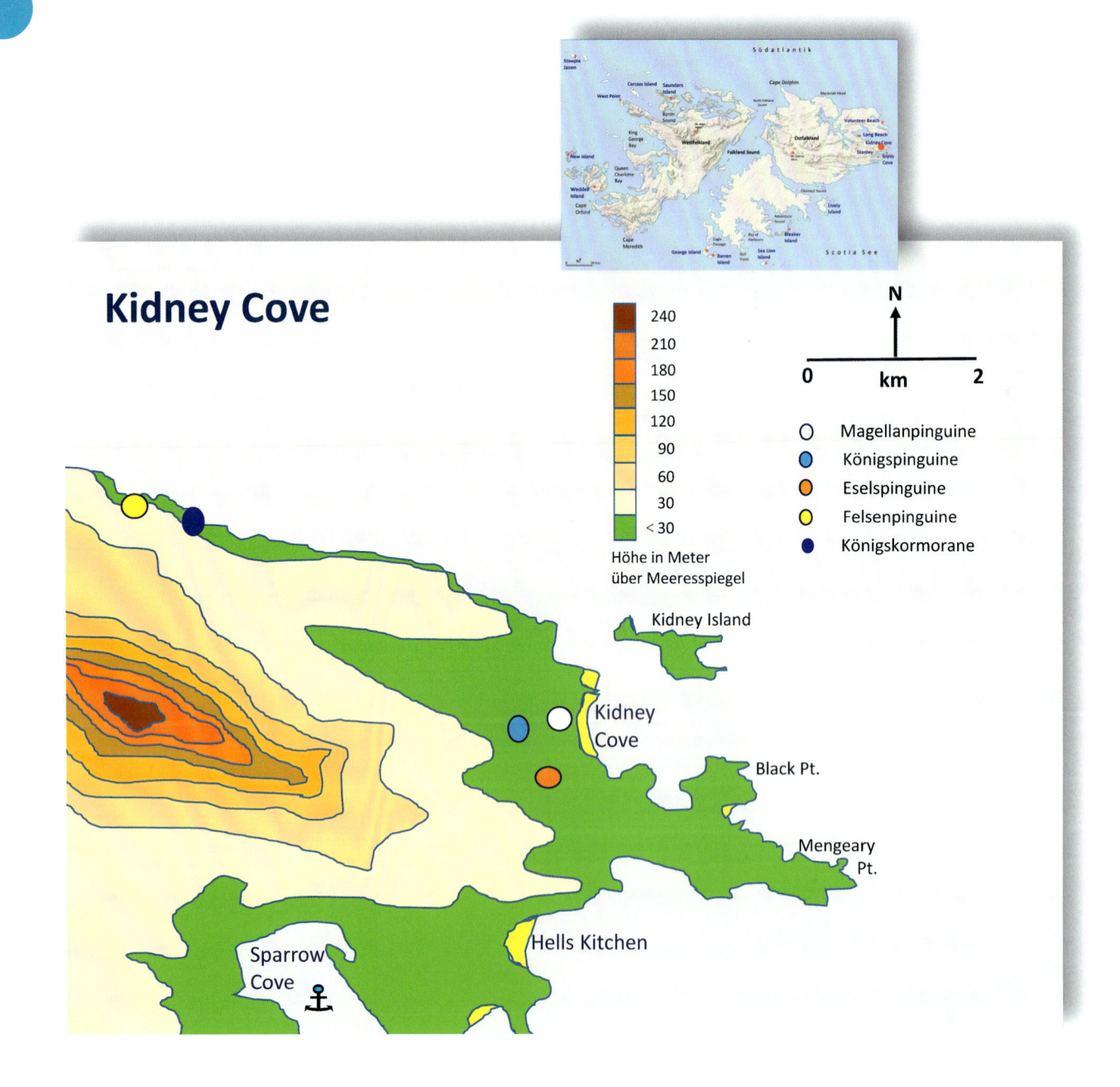

Kidney Cove

Kidney Cove

Höhe in Meter über Meeresspiegel
- 240
- 210
- 180
- 150
- 120
- 90
- 60
- 30
- < 30

- ○ Magellanpinguine
- 🔵 Königspinguine
- 🟠 Eselspinguine
- 🟡 Felsenpinguine
- 🔵 Königskormorane

Kidney Island
Kidney Cove
Black Pt.
Mengeary Pt.
Sparrow Cove
Hells Kitchen

Kidney Cove liegt am östlichen Zipfel einer Halbinsel nördlich von Stanley zwischen dem Berkeley Sound und Port William. Besucher werden von lokalen Guides in Empfang genommen, wenn sie in Sparrow Cove, der einzigen Anlandemöglichkeit, abgesetzt werden. Der nördliche, felsige Küstenabschnitt ist ein geeigneter Lebensraum für Königskormorane und Felsenpinguine.

Von hier aus kann man in geländegängigen Fahrzeugen durch die Ausläufer des Mount Low in Richtung Kidney Cove fahren. Dieser Teil der Insel, östlich des Mount Low, ist flacher. Hier können Königs-, Magellan- und Eselspinguine beobachtet werden können. Mit etwas Glück sind während der Fahrt Truthahngeier oder Rotrückenbussarde zu sehen.

Kidney Island ist ein Naturschutzgebiet. Schiffsverbindungen zwischen Stanley und der Insel befördern die wenigen Touristen, die sich tagsüber durch das dichte Tussockgras kämpfen wollen und sich für die Vogelvielfalt dieser fast unberührten Natur interessieren. Die Insel ist frei von eingeschleppten Tierarten, die der Natur auf den Hauptinseln in den letzten Jahrzehnten schwer zu schaffen machten. Während das hohe Gras Buschzaunkönigen und Tussockvögeln einen idealen Lebensraum bietet, können Königskormorane und Felsenpinguine eher an der Küste im Nordteil beobachtet werden.

Weißkinn-Sturmvogel

Mögliche Tierbeobachtungen

Eselspinguine
Magellanpinguine
Felsenpinguine
Königspinguine
Königskormorane
Falkland-Karakaras
Rotrückenbussarde
Truthahngeier
Buschzaunkönige
Tussockvögel
Weißkinn-Sturmvögel
Falkland-Drosseln
Falkland-Dampfschiffenten
Commerson und Peale
 Delfine
Südliche Seelöwen
Minkwale

Gipsy Cove und Yorke Bay

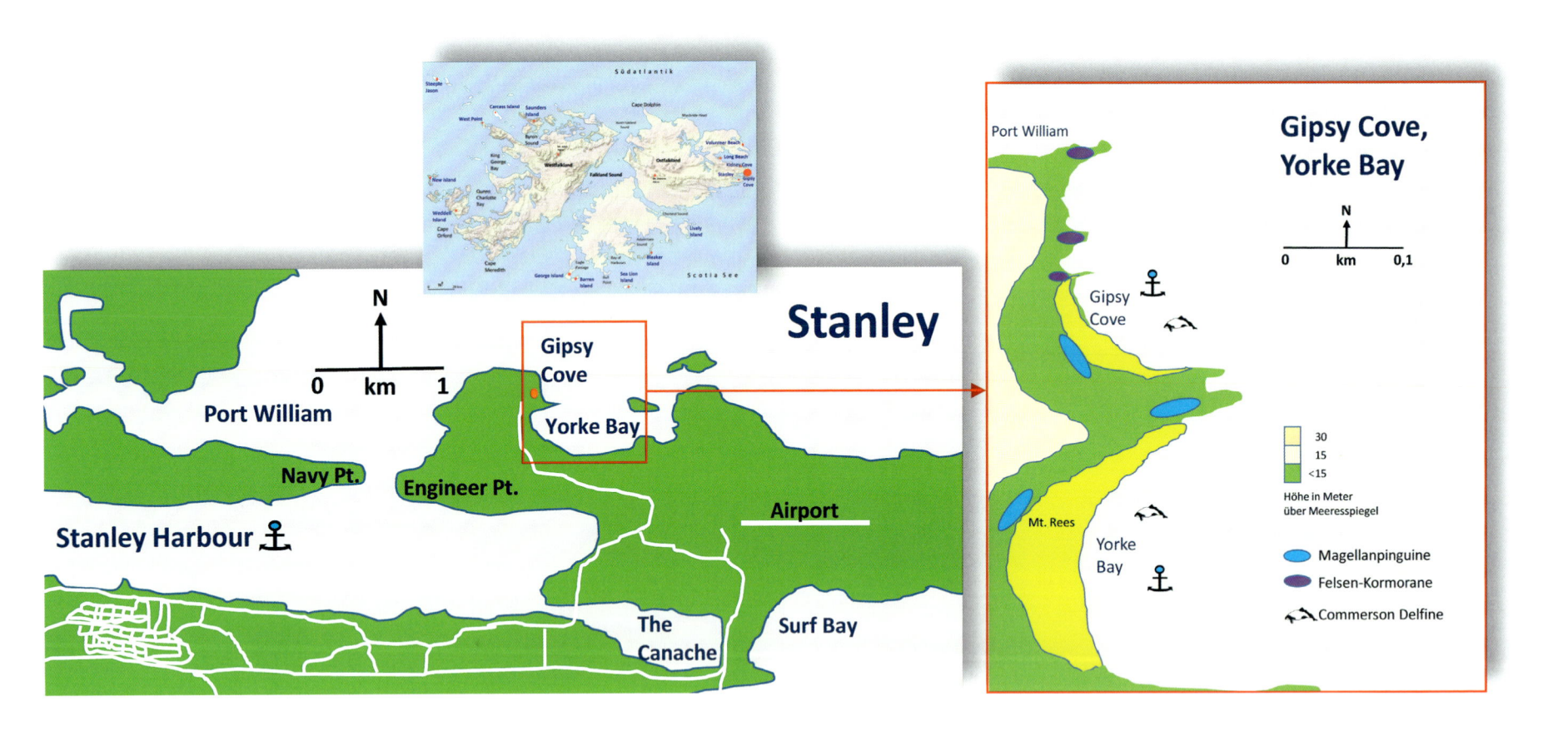

Nur wenige Kilometer außerhalb des Stadtzentrums der Hauptstadt Stanley liegen die beiden Buchten Gipsy Cove und Yorke Bay. Zum Schutz der Tiere sind die Buchten nicht mit dem Auto erreichbar.

In der Nähe von Stanley sind die Auswirkungen des Falklandkrieges noch zu spüren. Daher sollten Sie markierte Wege nicht verlassen, weil immer noch unentdeckte Minen herumliegen. Ein großer Bereich westlich von Gipsy Cove und Yorke Bay ist nicht zugänglich.

Bei der Einfahrt in den Hafen von Stanley ist der leuchtend weiß-gelbe Sandstrand von Gipsy Cove Backbord zu erkennen, während sich der noch größere Strand von Yorke Bay hinter einer Landnase versteckt. Neben dem bunten Treiben der Magellan- und Eselspinguine sind beide Buchten bekannt für eine artenreiche Vogelwelt. In den Felsspalten und Nischen der Klippen nördlich des Ordnance Point fühlen sich Schwarzkronen-Nachtreiher und Felsenkormorane wohl. Ohnehin ist die Landnase ein wunderbarer Platz, um sich einen Überblick über die gesamte Szenerie von Gipsy Cove zu verschaffen.

Falkland-Drossel

Mögliche Tierbeobachtungen
Eselspinguine
Magellanpinguine
Magellan-Gänse
Falkland-Karakaras
Falkland-Dampfschiffenten
Schwarzkronen-Nachtreiher
Schwarzkehl-Ammerfinken
Falkland-Drosseln
Buschzaunkönige
Südamerikanische Seeschwalben
Südliche Riesensturmvögel
Felsenkormorane
Commerson und Peale Delfine
Südliche Seelöwen

Stanley

Das windige Stanley, einzige Stadt und somit Regierungssitz der Falklandinseln, wurde 1843 gegründet und schon zwei Jahre später die Hauptstadt der Inselgruppe. Zwei Vorteile waren dafür ausschlaggebend: Der große Hafen, der es Schiffen ermöglichte, sich vor den tobenden Stürmen des Südatlantik zu schützen, und das Vorkommen von Torf in Stadtnähe, der den Bewohnern als ergiebiges Brennmaterial in großer Menge zur Verfügung stand.

Nachdem die Inselgruppe 1833 zur Kronkolonie wurde, hat sich das gesamte Erscheinungsbild des Ortes „very british" entwickelt. Die Häuser, der Linksverkehr, die Pubs, die Kirchen, die roten Telefonzellen, die Fahrzeuge, die Denkmäler – einfach alles. Stanley ist Zentrum des wirtschaftlichen Lebens der Falklandinseln. Hier können die Insulaner shoppen, hier werden Formalitäten erledigt, hier ist das Touristenzentrum mit den immerhin vier Souvenirläden, hier sind die Post und ein Supermarkt, ein Krankenhaus, eine Schule, hier trifft man sich im Pub. Wer die Inseln mit ihren Sehenswürdigkeiten besuchen will, hat im gepflegten „Globe Hotel" gute Übernachtungsmöglichkeiten.

Einige touristische Highlights der Stadt:
- Christ Church Cathedral mit dem Whalebone Double Arch,
- die vier alten Kanonen auf der ausgedehnten Rasenfläche unweit des auffälligen „Government House" mit seinem fast 30 Meter breiten Glasvorbau,
- das „Historic Dockyard Museum" und
- das Wrack der JHELUM. Das Segelschiff wurde auf seinem Weg um Kap Hoorn in einem schweren Sturm stark beschädigt und konnte sich mit letzter Kraft nach Stanley retten.

Sehenswert ist auch das Liberation Memorial Denkmal für die 1982 im Falklandkrieg gefallenen britischen Soldaten. Die Namen der Kriegsschiffe, die die Inselgruppe verteidigten, sind gegenüber der Stadt am Cortley Hill mit weißen Steinen in überdimensionierten Lettern geschrieben.

Mit etwas Glück lassen sich Wale, Delfine, Seelöwen und Falkland-Dampfschiffenten in der Bucht vor der Stadt blicken. Nicht selten kreisen Albatrosse am Himmel, die im Hinterland von Stanley ihre Nistplätze haben.

Linke Seite oben: Die beste Kneipe in Stanley

Mitte: Der beste Autotyp für die Falkländer

Unten links: 99,8 Prozent der Falkländer haben sich in einem Referendum im März 2013 für einen Verbleib unter britischer Flagge entschieden.

Unten rechts: Liberation Memorial Denkmal für den Freiheitskampf der Falkländer mit Unterstützung der britischen Armee

Oben: Blick auf Stanley nach der Einfahrt in den Stanley Harbour

Bleaker Island

Bleaker Island

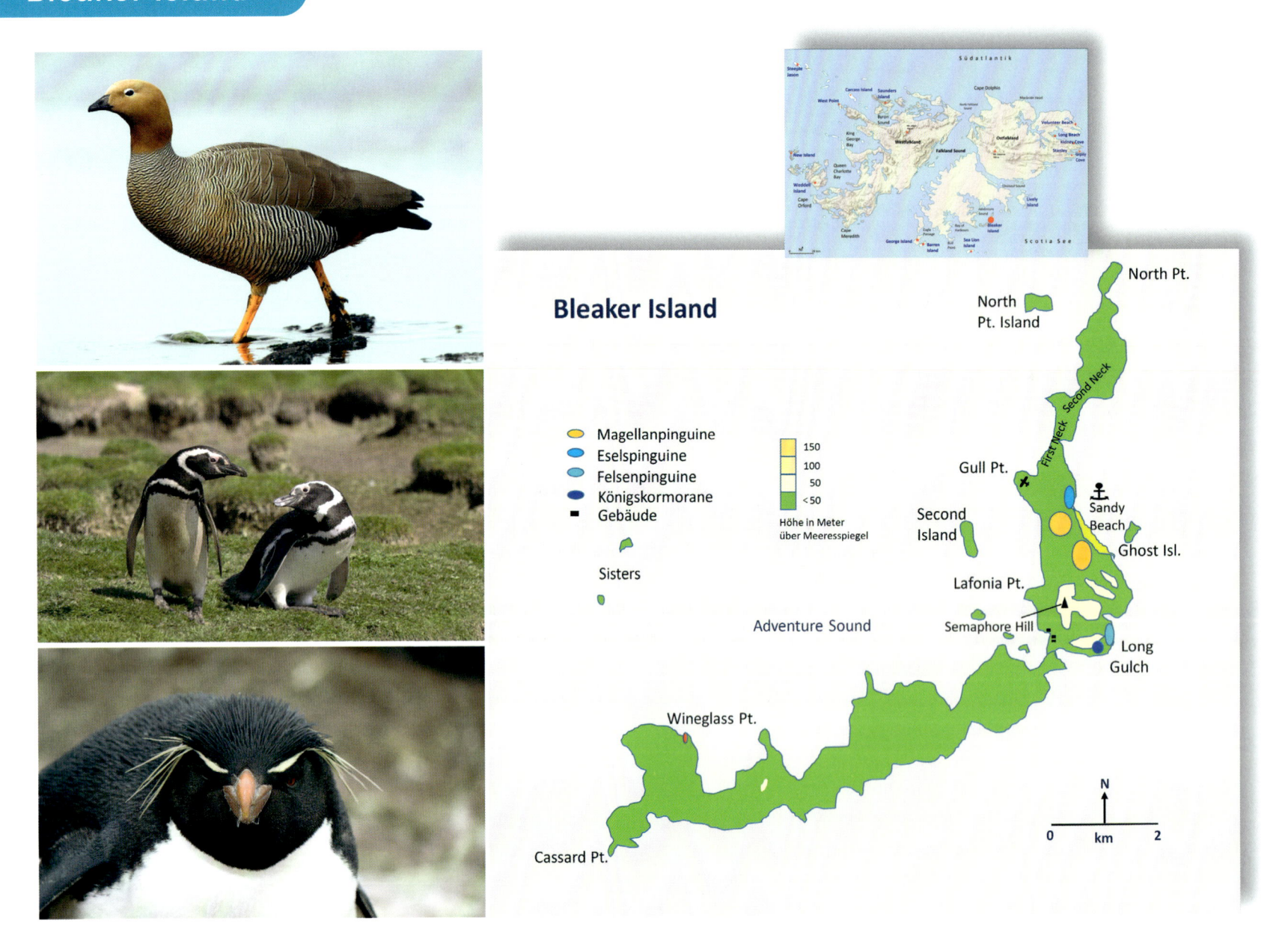

- Magellanpinguine
- Eselspinguine
- Felsenpinguine
- Königskormorane
- Gebäude

Höhe in Meter über Meeresspiegel: 150 / 100 / 50 / <50

North Pt.
North Pt. Island
Second Neck
First Neck
Gull Pt.
Sandy Beach
Second Island
Ghost Isl.
Sisters
Lafonia Pt.
Adventure Sound
Semaphore Hill
Long Gulch
Wineglass Pt.
Cassard Pt.

32

Linke Seite oben: Rotkopfgans
Mitte: Magellanpinguine
Unten: Felsenpinguin
Rechte Seite oben: Die flache Grassteppe von Bleaker Island mit den natürlichen Tretminen von Schafen und Rindern.

Bleaker Island liegt am südlichen Ende von Ostfalkland. Die Insel ist 18 Kilometer lang und bis 3,1 Kilometer breit. Der Bereich um die oft genutzte Anlandungsstelle am Sandy Beach ist eine flache graswachsene Hügellandschaft. Über viele Jahre weideten hier knapp tausend Schafe, die eine herausragend gute Wolle lieferten und die wirtschaftliche Basis der Insel waren.

Auf dem Weg zu Long Gulch, etwa 20 bis 30 Gehminuten entfernt, passiert man rechter Hand den 30 Meter hohen Semaphore Hill und eine große Kolonie von Königskormoranen, die sich unweit der flachen Küste einen Brutplatz mit grandiosem Meerblick ausgesucht haben. In geringen Abständen zueinander stehen hier etwa 30 000 Tiere. Die Männchen haben sich zum Schutz der Kolonie am äußeren Rand postiert und beobachten aufmerksam die Annäherung der Inselgäste. Wir bleiben gut 50 Meter vor ihnen stehen und genießen den Blick, der uns wegen der Vielzahl der Vögel und des Geräuschpegels innehalten lässt.

An der gegenüberliegenden Küste, nur wenige hundert Meter entfernt, zeigt Bleaker Island ein komplett anderes Bild. Hier stemmt die Insel dem Meer ihre felsige und von steilen Klippen geprägte Seite entgegen. Wir begegnen erstmalig Südlichen Felsenpinguinen. Emsig und flink gehen die kleinen und lauten Felsenpinguine den beschwerlichen Weg vom Meer zu ihren Nestern. Mit enormer Sprungkraft bewältigen sie bergauf springend Felsstufen, deren Höhe ihrer Körperlänge entspricht. Dazwischen tummeln sich Blauaugenkormorane und über allen die rauberischen Skuas, die sich auf die Jungtiere stürzen, wenn die Eltern gerade im Zwist mit dem Nachbargehege sind und nicht auf die Jungtiere aufpassen.

Mögliche Tierbeobachtungen
Eselspinguine
Magellanpinguine
Felsenpinguine
Blauaugenkormorane
Königskormorane
Felsenkormorane
Raubmöven
Austernfischer
Silberenten
Südliche Riesensturmvögel
Buschzaunkönige
Tussockvögel
Falkland-Karakaras
Weißgesicht-Scheidenschnäbel
Rollandtaucher
Rotkopfgänse

Sea Lion Island

Sea Lion Island

Höhe in Meter über Meeresspiegel
- 50
- 25
- <25

- The Gulch
- Lodge
- North East Pt.
- Rockhopper Point

Legend:
- Seelöwen
- Eselspinguine
- Königskormorane
- Magellanpinguine
- Felsenpinguine
- See-Elefanten
- Südl. Riesensturmvögel
- Orcas

Linke Seite links: Falkland-Regenpfeifer

Rechts: Weißbürzel-Strandläufer

Rechte Seite: Schwarzkronen-Nachtreiher

Sea Lion Island liegt im Süden von Ostfalkland. Bis auf eine kleine Anhöhe im Südwesten ist Sea Lion Island flach und von ausgedehnten Tussockgraswäldern bedeckt. Die Insel ist rattenfrei, sodass die im Vergleich zu anderen Inseln sehr üppige Vogelwelt ungestört brüten kann, u. a. Esels-, Magellan-, Felsen- und Königspinguine. Außerdem existiert hier die größte Kolonie See-Elefanten der Falklandinseln.

Der Weg zu allen Anlandungsstellen der Insel führt durch ausgedehnte Kelpwälder, die die Beweglichkeit der Zodiacs jedoch nicht einschränken. Aufgrund der ungeschützten Lage südlich der beiden Hauptinseln ist die Insel sehr stark den Bedingungen von Wind und Wellen ausgeliefert. Bereiten Sie sich auf eine bewegende Anlandung vor. Umsichtige Expeditionsleiter der Kreuzfahrtschiffe verlegen die Anlandung an die Lee-Küste, denn Möglichkeiten zur Anlandung gibt es aufgrund der flachen Inselkontur genug. Wegen der meist vorherrschenden Westwinde wird die Landenge im Nordosten mit dem mehrere hundert Meter langen Sandstrand gerne angefahren. Hier weht zwar nicht weniger Wind, aber die Wellen werden durch die westlich gelegene Landeszunge ein wenig gemildert.

Sea Lion Island ist ein großartiges Vogelparadies. Kaum eine andere Insel im Archipel hat diesen Artenreichtum. Für Vogelinteressierte bietet sich deshalb ein längerer Aufenthalt an. Wer nicht nur ein paar Stunden auf der Insel verbringen möchte, dem sei das südlichste Hotel Großbritanniens empfohlen. Die „Sea Lion Lodge", ein komfortables 3-Sterne-Hotel in exponierter Lage mit großartigem Blick auf den Südatlantik, wurde 1986 gebaut und 2008 komplett modernisiert.

Mögliche Tierbeobachtungen

Eselspinguine
Königspinguine
Felsenpinguine
Magellanpinguine
Austernfischer
Falkland-Karakaras
Blauaugenkormorane
Felsenkormorane
Königskormorane
Falkland-Dampfschiffenten
Schwarzkronen-Nachtreiher
Dominikanermöwen
Blutschnabelmöwen
Truthahngeier
Kelp- oder Hochlandgänse
Weißbürzel-Strandläufer
Rotbrust-Regenpfeifer
Falkland-Regenpfeifer
Pelzrobben
See Elefanten
Orcas
Commerson und Peale Delfine

Barren Island

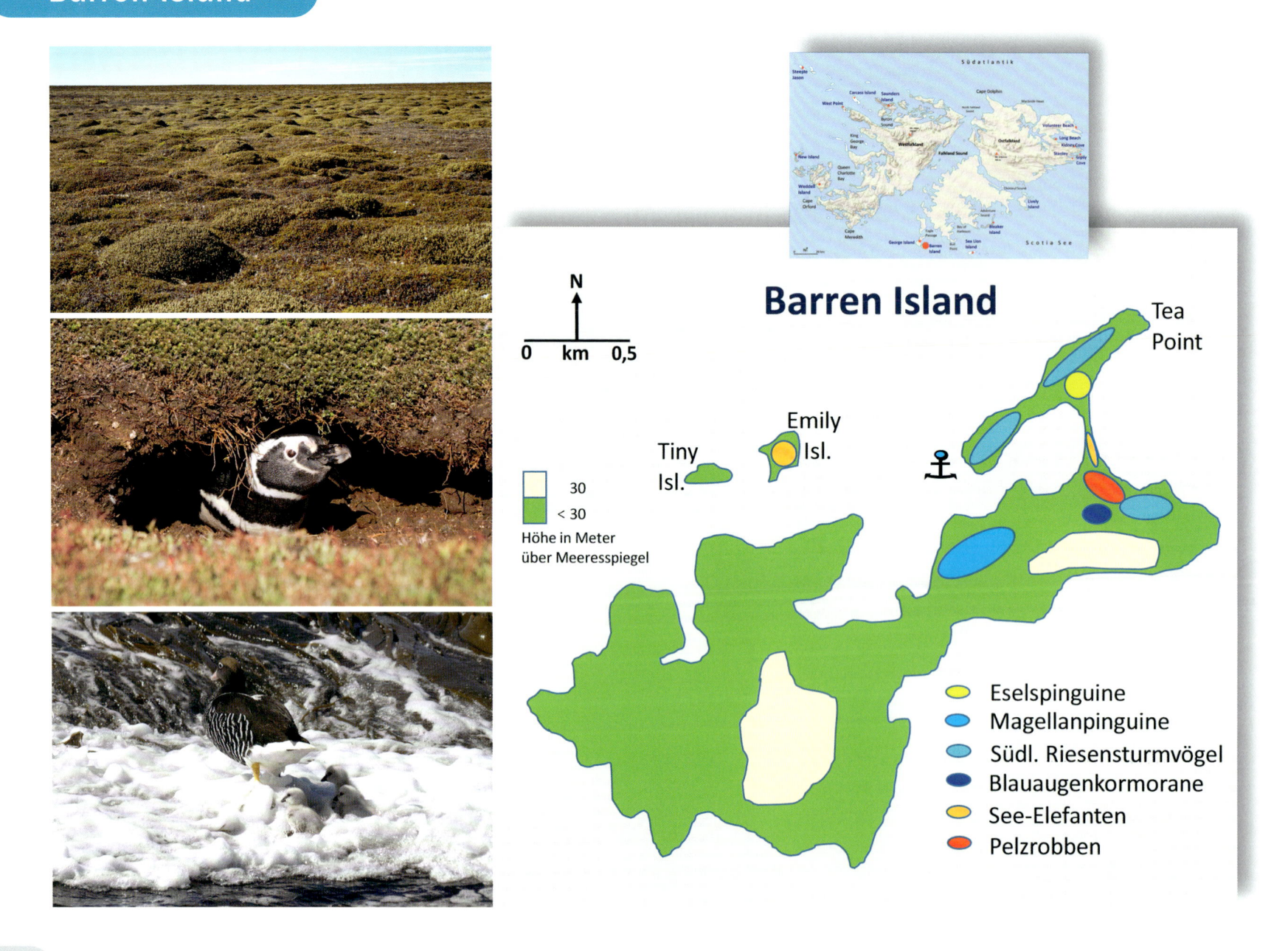

Höhe in Meter über Meeresspiegel
- 30
- < 30

Tiny Isl.
Emily Isl.
Tea Point

- Eselspinguine
- Magellanpinguine
- Südl. Riesensturmvögel
- Blauaugenkormorane
- See-Elefanten
- Pelzrobben

Linke Seite oben: Magellan-Pinguine bauen ihre Nester gerne unter der festen Schicht aus Erde und dem Wurzelwerk der Krähenbeerenheide, Barren Island.

Mitte: Die Krähenbeerenheide, die hier Diddle Dee genannt wird.

Unten: Tanggänse mit Küken in der Brandung.

Rechte Seite links: Magellan-Pinguinpaar

Rechts: Ein Kormoran sucht Material, um sein Nest auszubessern.

Barren Island liegt am südwestlichen Zipfel von Ostfalkland südöstlich von King George Island und gehört zu der kleinen Inselgruppe der Speedwell Islands. Die Insel ist ein Vogelparadies und wird von BirdLife International als „Important Bird Area" ausgewiesen. Die Oberfläche der Insel ist sehr flach und bis auf den direkten Küstensaum von dunkelgrüner bis brauner Farbe.

Schon nach den ersten Schritten an Land begegnen wir zwei Magellan-Pinguinen, die neugierig und aufmerksam am Küstensaum stehen. Sie leben in einer baumlosen Heidelandschaft, über deren weiche Oberfläche wir in den kommenden Stunden unseren Erkundungsspaziergang machen. Die weiche Polsterung heißt hier Diddle Dee, bei uns als Krähenbeerenheide bekannt. Diese Pflanzen wachsen vorwiegend in kühlen Regionen ohne Baumbewuchs. Auf der Nordhalbkugel gedeiht die Krähenbeere in den eurasischen Tundren sowie in Kanada.

Je näher wir an den flachen Küstenstreifen gehen, desto zerfurchter ist das weiche Polster. Mit etwas Glück sehen wir an den Abbruchkanten Magellan-Pinguine. Sie haben unter dem von Diddle Dee bedeckten Boden ihre Nester, deren Öffnungen in Richtung Meer zeigen. Wir müssen vorsichtig gehen, um die kleinen Höhlenöffnungen nicht zu zerstören und den Tieren nicht zu nahe zu kommen.

Mögliche Tierbeobachtungen

Eselspinguine
Magellanpinguine
Südliche See-Elefanten
Dominikanermöwen
Tanggänse
Magellan-Gänse
Tussockvögel
Südliche Riesensturmvögel
Scheidenschnäbel
Falkland-Zaunkönige
Blauaugenkormorane

George Island

Auch der Nachwuchs weiß, wie man die Tiere bei der Schur am besten packt.

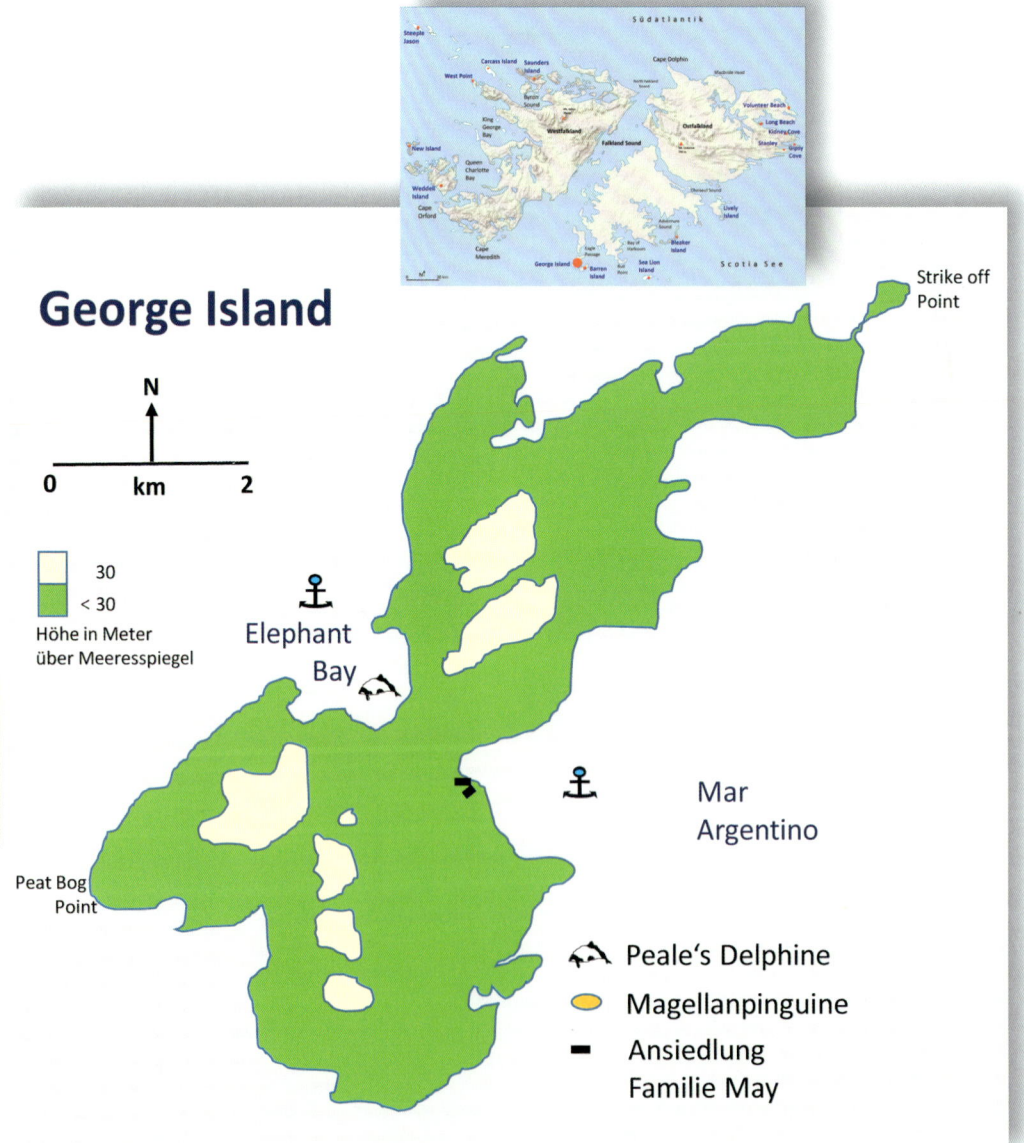

George Island

0 km 2

30
< 30
Höhe in Meter über Meeresspiegel

Strike off Point
Elephant Bay
Mar Argentino
Peat Bog Point

🐬 Peale's Delphine
🟠 Magellanpinguine
▬ Ansiedlung Familie May

Schafland pur auf George Island.

Am südwestlichen Zipfel von Ostfalkland nördlich von Barren Island liegt George Island. Die flache Insel gehört zur kleinen Inselgruppe der Speedwell Islands. Die Insel wurde von BirdLife International als „Important Bird Area" ausgewiesen.

Nach einer nassen Landung am nordöstlichen Zipfel der Insel erreichen wir den Hof der Familie May. Mit ihren Kindern Shaun und Tiphanie betreiben Lindsey und Chris May eine Farm: Sie züchten Schafe. Gern lassen Sie die Kreuzfahrer an ihrem Alltag teilnehmen und erklären die Schafschur, die Arbeit der Hunde und die logistischen Herausforderungen der Abgeschiedenheit. Seit 2001 bewirtschaften sie das Anwesen und kommen jeweils in den Sommermonaten auf die Insel. 1 500 Schafe, die Bordercollies Meg und Allie und der kleine Kartoffelgarten gehören zu ihrer Welt und wollen versorgt werden.

Es ist ein herzlicher Empfang bei den Mays, der noch durch Kekse, köstlichen Tee und die selbstgestrickten Mützen von Oma Olga bereichert wird. Der Hof ist der einzige auf George Island. Doch die Mays pendeln zwischen mehreren Inseln, wo sie sich jeweils um ein Anwesen und eine ähnlich große Zahl von Schafen kümmern. Insgesamt gehören ihnen 5 000 Tiere auf verschiedenen Inseln, deren unbehandelte Wolle zu einem Preis von acht Pfund je Kilogramm (Preis von 2013) vorwiegend nach Europa exportiert wird. Shaun und sein Vater lassen es sich nicht nehmen, uns ihre Schafschurkünste zu zeigen und demonstrieren, wie beeindruckend schnell ein Tier seine Wolle verlieren kann. Was die Familie bewegt, zeigten sie in unregelmäßigen Abständen auf ihrem Blog im Internet (www.islandfarminginthefalklandislands.blogspot.de).

Meg und Allie rennen indes kreuz und quer um eine kleine Gruppe Schafe, die sich schließlich in einer Ecke des Gatters versammelt und auf neue „Anweisungen" der Hunde wartet.

Geologisch interessierte Gäste lassen sich anschließend von den durch Erosion geschaffenen Sandsteinkunstwerken inspirieren, die zu Fuß etwa 40 Minuten entfernt südlich der Farm besichtigt werden können.

Mögliche Tierbeobachtungen

Magellanpinguine
Riesensturmvögel
Falkland-Zaunkönige
Uferwipper
Falkland-Dampfschiffenten
Rotkopfgänse
Sturmtaucher

Anlandungsstellen auf Südgeorgien

(Quelle der Grafiken und Karten: Cartomedia Karlsruhe; eigene Karten)

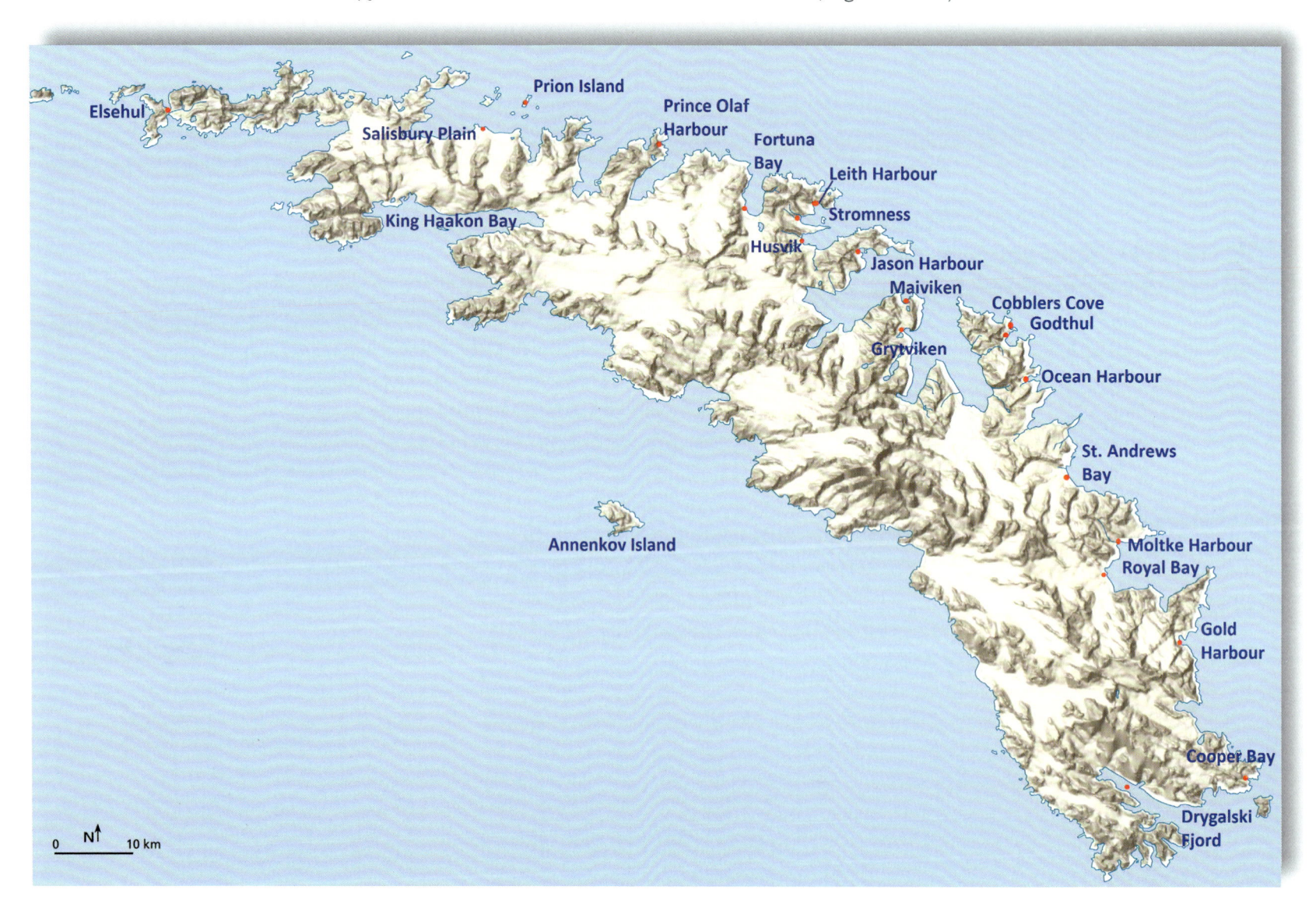

Stimmungsvolle Impressionen von Südgeorgien und der Antarktis präsentiert das erfolgreiche Schweizer Filmteam Priska und Ruedi Abbühl auf ihrem Youtube Kanal unter www.youtube.com/user/Abbuehl/videos.

Quelle: www.meteomanz.com

Monatliche Durchschnittstemperaturen für Südgeorgien
(Grytviken 2019–2021)

	Jan	Feb	Mär	Apr	Mai	Jun	Jul	Aug	Sep	Okt	Nov	Dez
Durchschittstemperatur nach Monat [C°]	7,4	7,1	6,1	3,8	0,1	-0,9	-3,5	-0,7	2,2	3,8	6,4	7,4

Die Reihenfolge der Anlandungsstellen erfolgt von West nach Südost. Somit beginnt die Darstellung mit Elsehul am westlichen Ende von Südgeorgien und endet mit dem Drygalski-Fjord.

Der Fortuna-Gletscher schiebt seine Bruchstücke an die Nordküste Südgeorgiens (Fortuna Bay).

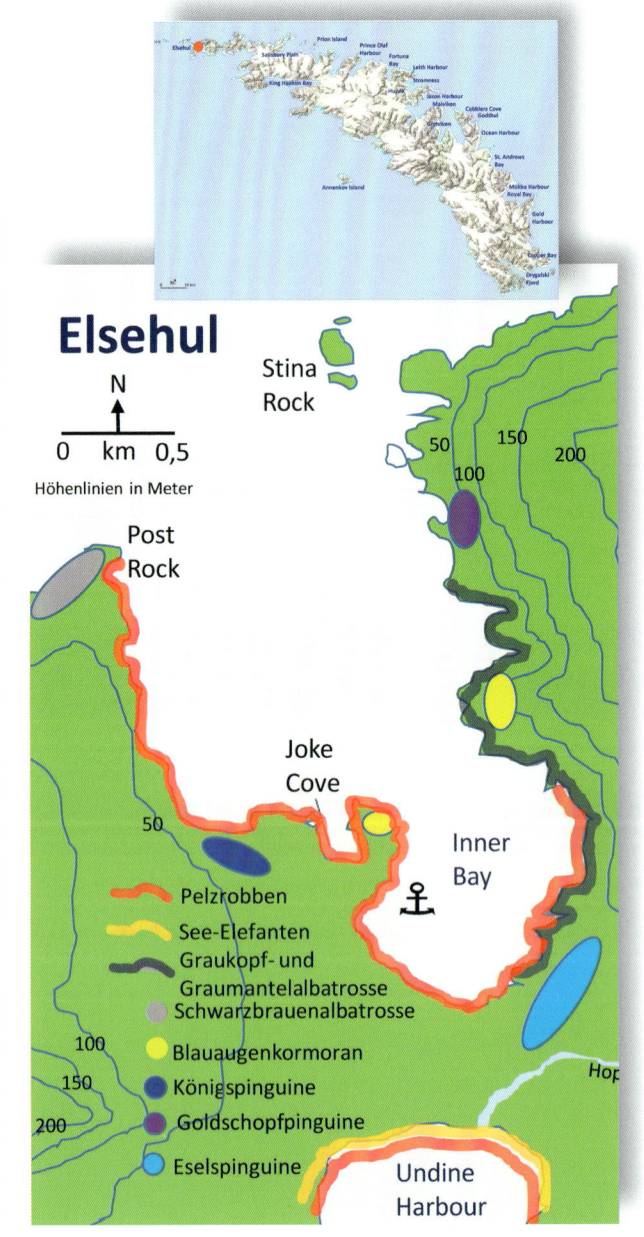

Elsehul

N
0 km 0,5
Höhenlinien in Meter

Stina Rock
Post Rock
Joke Cove
Inner Bay
Undine Harbour

- Pelzrobben
- See-Elefanten
- Graukopf- und Graumantelalbatrosse
- Schwarzbrauenalbatrosse
- Blauaugenkormoran
- Königspinguine
- Goldschopfpinguine
- Eselspinguine

Elsehul

Elsehul ist eine Bucht am äußersten nordwestlichen Ende Südgeorgiens. Sie öffnet sich nach Norden und ist nur durch eine schmale Landenge von der gegenüberliegenden südlichen Bucht Undine Harbour getrennt. Die Lage macht die Bucht attraktiv für Anlandungen bei fast allen Windsituationen, nur nicht bei reinem Nordwind.

Deutlich ungemütlicher als in der Region von Grytviken, also im zentralen Norden der Insel, zeigt sich das Wetter hier im Westen. Mehr Regen, mehr Wind und der häufige Dunst machen Elsehul für Besucher wenig einladend. Umso attraktiver ist die Tierwelt. Am besten betrachtet man das Geschehen am Strand und an den schmalen felsigen Küstenabschnitten während einer Zodiac-Tour. Kreuzfahrtschiffe ankern meist im westlichen Teil der Inner Bay und lassen von dort die Schlauchboote zu Wasser.

Die vielen Pelzrobben, die sich während der Zeit der Haremsverteidigung als wenig gastfreundlich zeigen, liegen im dichten Tussockgras und sind manches Mal erst im letzten Moment zu sehen. Ohnehin ist der schmale Uferbereich wenig geeignet, um die Bucht zu Fuß zu erkunden. Kaum eine andere Anlandungsstelle auf Südgeorgien ist so dicht mit Pelzrobben besetzt wie Elsehul. Zudem sind die Nester von Schwarzbrauen- und Graukopfalbatrossen im östlichen Teil der Bucht so dicht beieinander, dass wir Zweibeiner kaum hindurchkommen. Mit etwas Glück lassen sich sogar Rußalbatrosse im südöstlichen Teil der Bucht ausmachen. Elsehul ist die Region auf der Insel, wo beide Arten, Schwarzbrauenalbatrosse und Graukopfalbatrosse, zu beobachten sind.

Eine weitere Besonderheit besteht darin, dass hier drei Pinguinarten brüten: Eselspinguine, Goldschopfpinguine und Königspinguine. Während sich die Esels- und Königspinguine um den flachen grauen Sandstrand von Joke Cove oder im Unterlauf des Hope River, einem der größten Flüsse der Insel, versammeln, bevorzugen die kletterfreudigen Goldschopfpinguine eher die felsigen Küstenstreifen im Osten der Bucht.

Linke Seite oben: Graukopfalbatrosse in der Bucht von Elsehul.

Unten: Graukopfalbatros

Rechte Seite: Junge Pelzrobbe versteckt im dichten Grün des Tussockgrases.

Mögliche Tierbeobachtungen

Eselspinguine
Goldschopfpinguine
Königspinguine
Pelzrobben
See-Elefanten
Schwarzbrauenalbatrosse
Wanderalbatrosse
Graukopfalbatrosse
Rußalbatrosse
Buntfußsturmschwalben
Scheidenschnäbel
Weißkinn-Sturmvögel
Südliche Riesensturmvögel
Raubmöwen
Südgeorgische Spießenten
Antarktis-Seeschwalben
Blauaugenkormorane

Bild oben: zurück vom Fischfang

Bild unten: junger Königspinguin in Begleitung seines Daddys

Salisbury Plain

Königspinguine

- ∼ See-Elefanten
- ∼ Pelzrobben
- ▬ Sand- und Kieselstrand

N

0 km 0,25

Höhenlinien in Meter

Salisbury Plain

Salisbury Plain liegt am Südende der Bay of Isles gegenüber von Albatros Island und dem kleinen Prion Island. Der Strand liegt vor Wind und Wellen relativ ungeschützt, sodass Anlandungen nicht immer möglich sind. Ebenso können katabatische Winde bei klar blauem Himmel einen Besuch der Küsten verhindern. Sie kommen am späten Vormittag als extrem starke Fallwinde und jagen mit enormer Geschwindigkeit von den Gletschern des Inlandeises (Warburton Peak oder Mount Ashley) in Richtung Küste.

Das von Wasserläufen durchzogene Schwemmland wird im Westen vom Grace-Gletscher und im Osten vom Lukas-Gletscher gespeist, deren Zungen die eisige Szenerie des Hinterlandes von Salisbury Plain dominieren. Bei der Annäherung an die Bucht sind bereits zehntausende Pinguine erkennbar, die vom Strand bis auf die ansteigenden Hügel hinauf nisten. Schätzungen im Dezember 2011 gingen von 120 000 Brutpaaren aus.

Die Anlandungsstelle ist eine graue Sandfläche, auf der große Steine verstreut liegen. Dazwischen herrscht ein buntes Treiben und Geschnatter der vielen Königspinguine mit ihren halbstarken Jungtieren im braunen Flaum. Um einen besseren Überblick zu bekommen, empfiehlt sich der kurze Weg auf einen mit hohem und dichtem Tussockgras bewachsenen Hügel im südöstlichen Teil des Strandes. Von hier lässt sich am besten ermessen, welche Ausmaße die zweitgrößte Königspinguinkolonie Südgeorgiens hat. Achten Sie jedoch auf Pelzrobben, die sich im dichten Gras ducken, und folgen Sie am besten den Lektoren, weil sie einen erfahreneren Blick haben. Hier heißt es aufpassen, denn die männlichen Pelzrobben zeigen, besonders in der Phase der Haremsverteidigung im Dezember, wenig Toleranz gegenüber weltoffenen und neugierigen Kreuzfahrern. Die größeren und gelasseneren See-Elefanten im Gras heben bei menschlicher Annäherung mal kurz den Kopf, lassen sich jedoch wenig stören, wenn der Abstand groß genug ist.

Auf dem Hügel offenbart sich ein grandioses Schauspiel von schnatternden und watschelnden Pinguinen, dösenden Pelzrobbenweibchen und achtsamen Männchen. Dazwischen liegen die massigen Körper dösender See-Elefanten. Über der Szenerie kreisen Raubvögel, die sich für die Nachgeburt der Pelzrobben interessieren oder die Neugeborenen angreifen, um ihren unersättlichen Hunger und den ihrer Jungen zu stillen.

Linke Seite: Blick auf Salisbury Plain mit dem Grace-Gletscher.

Rechte Seite links und rechts: Königspinguine auf der Schwemmlandebene von Salisbury Plain vor dem Grace-Gletscher. Die Kolonie erstreckt sich weit den Hügel hinauf. Hier leben etwa 120 000 Pinguine.

Mögliche Tierbeobachtungen
Südliche Pelzrobbe
Südlicher See-Elefant
Blauaugenkormoran
Dominikanermöve

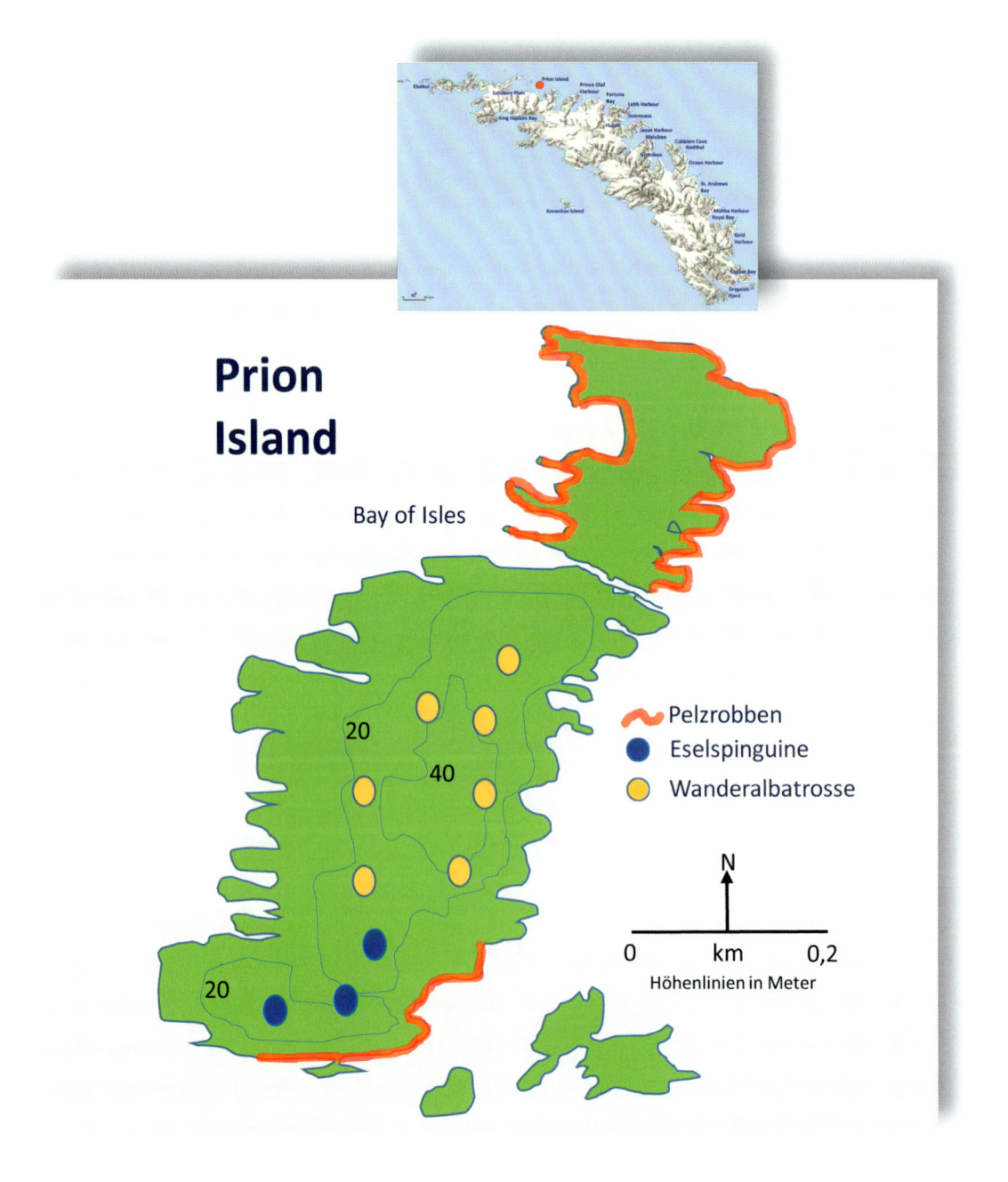

Prion Island

Prion Island

Bay of Isles

- 〰 Pelzrobben
- ● Eselspinguine
- ● Wanderalbatrosse

Höhenlinien in Meter

Südgeorgische Spitzschwanzente

Auf Prion Island in der Bay of Isles sind Anlandungen möglich, aber der Bewegungsspielraum für Besucher beschränkt sich auf hölzerne Stege. Über diese kommt man jedoch auf kurze Distanzen an Albatrosse heran, was auf anderen Inseln oft nicht möglich ist. Einige Tiere brüten nur bis fünf Meter von den Stegen entfernt: Mehr Nähe zu diesen charismatischen, schnäbelnden Riesenvögeln kann man nicht bekommen – eine beeindruckende Begegnung. Im November und Dezember können jedoch die aggressiven Pelzrobben auf den Holzstegen die Begeisterung für die Albatrosse etwas dämpfen.

Das kleine Prion Island ist der Nordküste von Südgeorgien auf Höhe des Lukas-Gletschers vorgelagert. Die Insel ist rattenfrei und damit ein Paradies für Vögel. Neben den Wanderalbatrossen kommen hier sowohl Südliche als auch Nördliche Riesensturmvögeln vor. Zudem gibt es auf Prion Island die auf Südgeorgien endemischen Riesenpieper und Spitzschwanzenten.

Mögliche Tierbeobachtungen

Eselspinguine
Wanderalbatrosse
Graumantel-Rußalbatrosse
Nördliche und Südliche Riesensturmvögel
Weißkinn-Sturmvögel
Taubensturmvögel
Südgeorgische Spitzschwanzenten
Riesenpieper
Lummensturmtaucher

Prince Olav Harbour

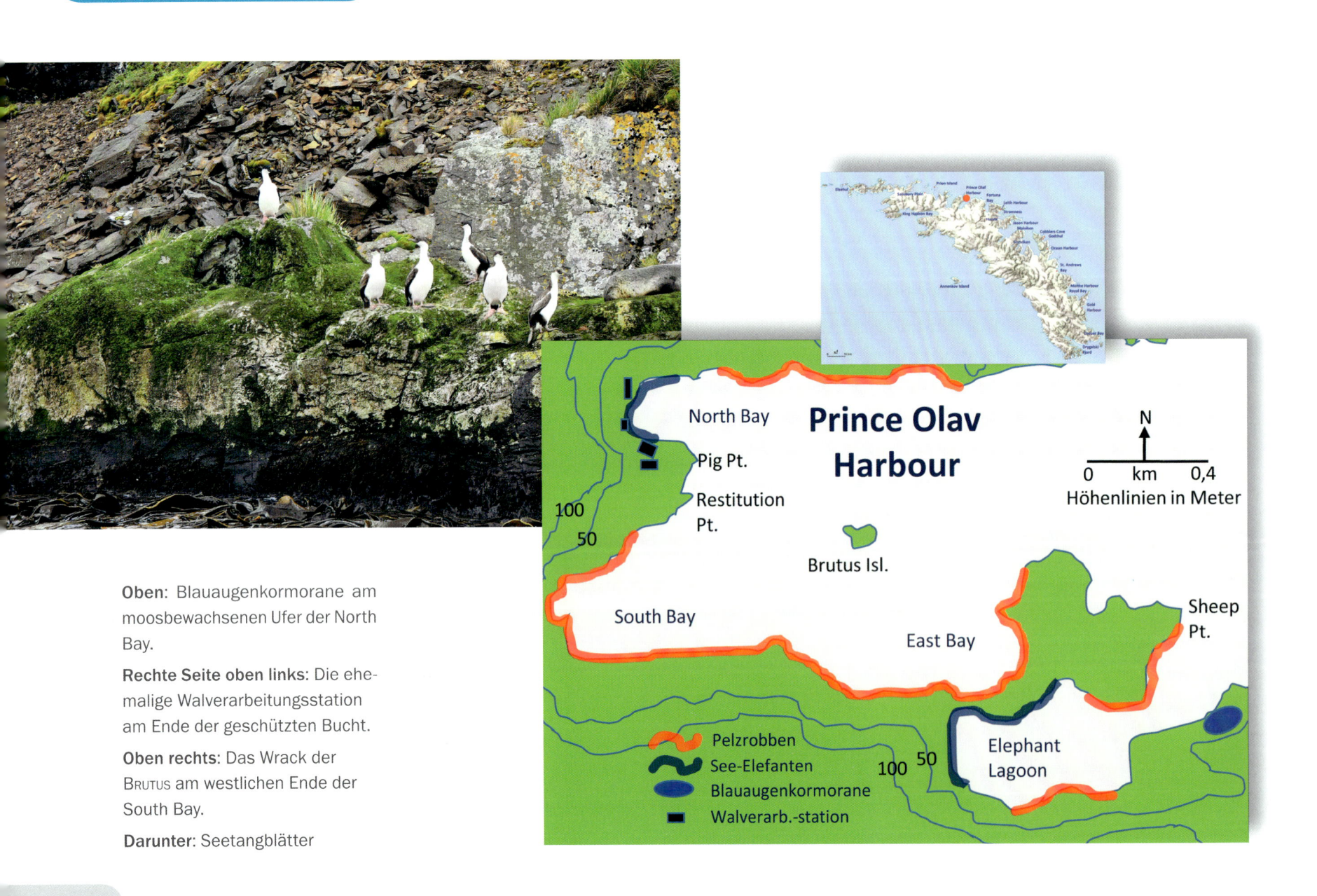

Oben: Blauaugenkormorane am moosbewachsenen Ufer der North Bay.

Rechte Seite oben links: Die ehemalige Walverarbeitungsstation am Ende der geschützten Bucht.

Oben rechts: Das Wrack der BRUTUS am westlichen Ende der South Bay.

Darunter: Seetangblätter

Vor einer imposanten Bergkulisse liegt eine weitere der sieben ehemaligen Walverarbeitungsstationen Südgeorgiens. Sie wurde 1917 gegründet und schon 1932 geschlossen. Vor dieser Ära war diese Bucht ein Zentrum des Robbenfangs. Die Station, von der noch zerfallene Wohnhäuser, Kessel und Tanks der Southern Whaling and Sealing Company zu sehen sind, darf wegen der Asbestgefahr nicht besucht werden.

In der South Bay liegt das Wrack der BRUTUS. Der heute von dichtem Moos und Tussockgras überzogene Dreimaster, von dem nur noch zwei Masten in den Himmel ragen, wurde 1883 in Glasgow gebaut und kontrolliert auf Grund gesetzt. Das von Südafrika hierher geschleppte Schiff diente viele Jahre als Hulk (Kohlenbunker).

Vom Zodiac aus lassen sich gelegentlich Vögel oder Pelzrobben beobachten, die offensichtlich die Bequemlichkeit der weichen Pflanzenpolster zu schätzen wissen. In kaum einer Bucht leben so wenige Pinguine. Nur gelegentlich verirren sich vereinzelte Königspinguine hierher, aber es gibt keine Kolonien.

Mögliche Tierbeobachtungen

Pelzrobben
Königspinguine
See-Elefanten
Blauaugenkormorane
Dominikanermöwen

Oben: Blick von einer kleinen Anhöhe auf Fortuna Bay und den Königgletscher.

Unten und rechte Seite: Königspinguine in der Mauser

Fortuna Bay

Fortuna Gletscher

Peruque Point

Hodson Point

Whistle Cove

Höhenlinien in Meter: 50, 150, 250, 350, 450, 550

- ～ See-Elefanten
- ⬤ Graumantelalbatrosse
- ～ Blauaugenkormorane
- ⬤ Eselspinguine
- ⬤ Königspinguine
- --- Shackleton Weg

Fortuna Bay

Fortuna Bay ist eine nach Norden geöffnete, etwa sechs Kilometer lange Bucht in der Mitte von Südgeorgien, dort, wo die Insel am breitesten ist. Der Name geht zurück auf die FORTUNA, das Schiff von Carl Anton Larsen, der die erste Walfangstation Südgeorgiens in Grytviken baute.

Die Anlandungsstelle liegt im südlichen Drittel der Bucht, die eine flache, von Wasserläufen durchzogene Schwemmebene ist. Das Schmelzwasser des König-Gletschers versorgt die flache und etwa zwei Kilometer breite Ebene in den Sommermonaten mit Nässe. Der Ausläufer der Gletscherzunge liegt weit hinten am Ende des Tals.

Königspinguine haben sich rund um die vielen Schmelzwasserflüsse vor Whistle Cove zu einer großen Kolonie zusammengefunden. Die kleine Zahl von Eselspinguinen hält sich eher am westlichen Küstenstreifen auf.

Auf dem Weg zu den Königspinguinen gibt es rechter Hand eine kleine Anhöhe. Folgt man dem Weg hinauf, wird man mit einem herrlichen Blick auf die Tiere, die Gletscherzunge und die umgebenden Berge belohnt. Auffällig ist die von Jochs unterbrochene Silhouette der östlichen Bergkette. Diese war das letzte Hindernis für Shackleton, Worseley und Crean, bevor sie auf der anderen Seite die Lichter und Dampfpfeifen der Walverarbeitungsstation Stromness sahen, als sie Rettung für ihre 22 auf Elefant Island und die drei in der King Haakon Bay verbliebenen Seeleute holen wollten.

Bis 2014 konnte man hier Rentiere beobachten, die genüsslich die saftigen Weiden an den Moränenausläufern abweideten. Sie wurden von norwegischen Walfängern hergebracht, um den Speiseplan zu bereichern. Inzwischen gibt es keine Rentiere mehr auf Südgeorgien, da die Regierung umfassende Maßnahmen ergriffen hat, die inseltypische Tierwelt wiederherzustellen.

Mögliche Tierbeobachtungen

Königspinguine
Eselspinguine
Pelzrobben
See-Elefanten
Blauaugenkormorane
Rußalbatrosse
Graumantel-Rußalbatrosse
Weißkinn-Sturmvögel
Riesensturmvögel

Oben: Raubmöwen

Rechte Seite: Die ehemalige Walverarbeitungsstation Leith Harbour. Auch im Januar, also im Hochsommer Südgeorgiens, kann es auf der Insel schneien.

Leith Harbour

Leith Harbour

Walverarbeitungsstation

Wasserreservoir

Friedhof

Fußballfeld

Hansen Point

N

0   km   0,5

Höhenlinien in Meter

~ Pelzrobben
~ See-Elefanten
■ Eselspinguine

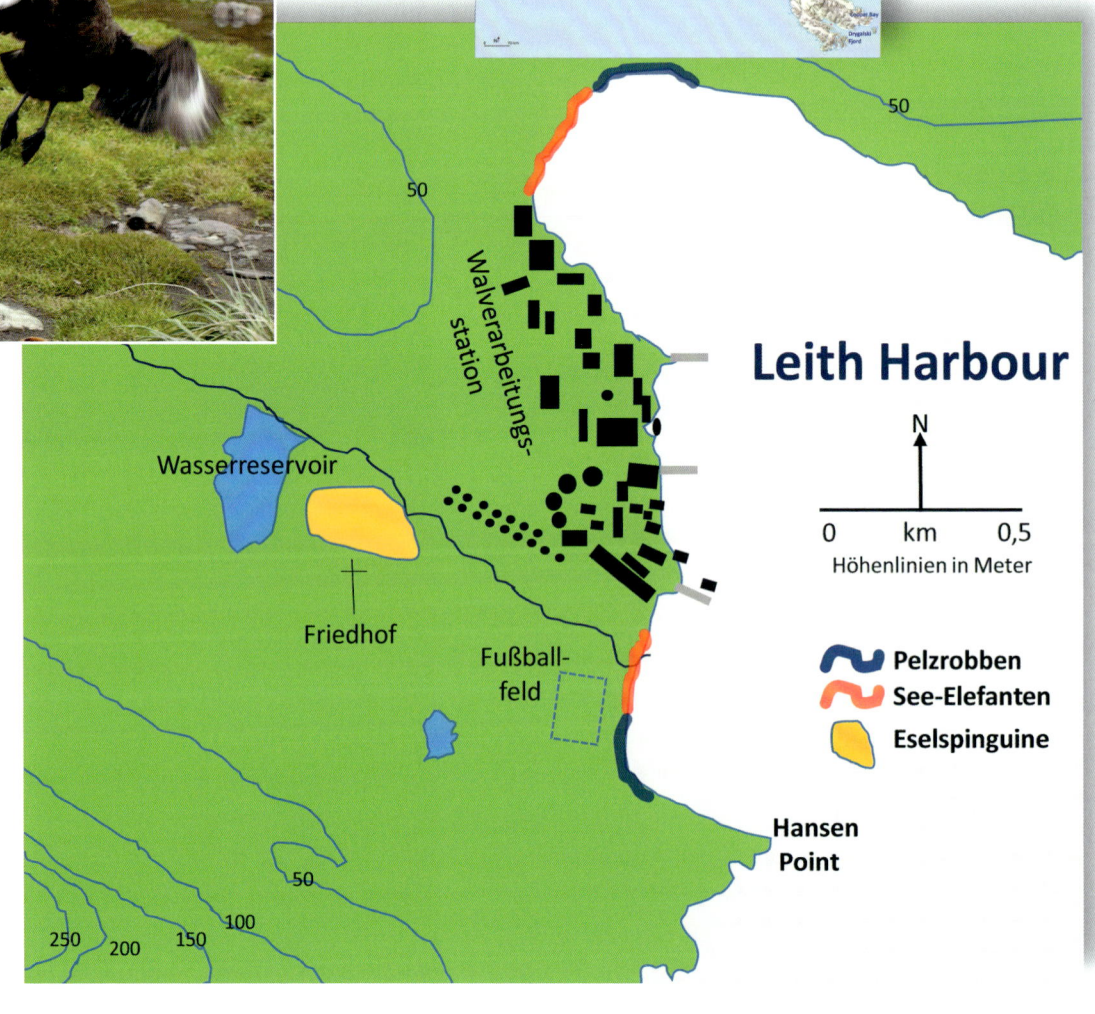

Leith Harbour gehört mit Husvik und Stromness zu den drei ehemaligen Walverarbeitungsstandorten, die in der Stromness Bay liegen. Von den sieben Stationen auf der Insel war Leith Harbour über 60 Jahre lang die größte. Will man die Ausdehnung, die Zahl der Häuser, Tanks und Maschinenanlagen erfassen, lohnt sich ein kurzer Spaziergang den rückwärtigen Hang hinauf, denn ein Betreten der Anlagen ist im Umkreis von 200 Metern wegen der Gefahren durch das verbaute Asbest nicht gestattet.

Bei der Anlandung, die meist im südlichen Küstenstreifen des Ortes unweit des Fußballplatzes stattfindet, begegnen wir den allseits präsenten Pelzrobben und ihren friedlichen Strandnachbarn, den See-Elefanten. In der kleinen Kolonie zwischen Wasserreservoir und dem Friedhof sind noch vereinzelt Eselspinguine zu beobachten.

Mögliche Tierbeobachtungen
Eselspinguine
See-Elefanten
Pelzrobben
Südliche Riesensturmvögel
Raubmöwen
Dominikanermöwen

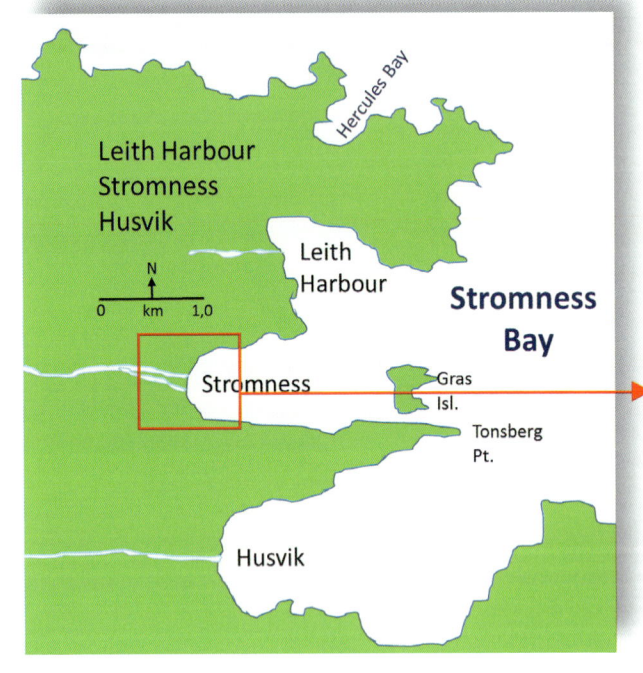

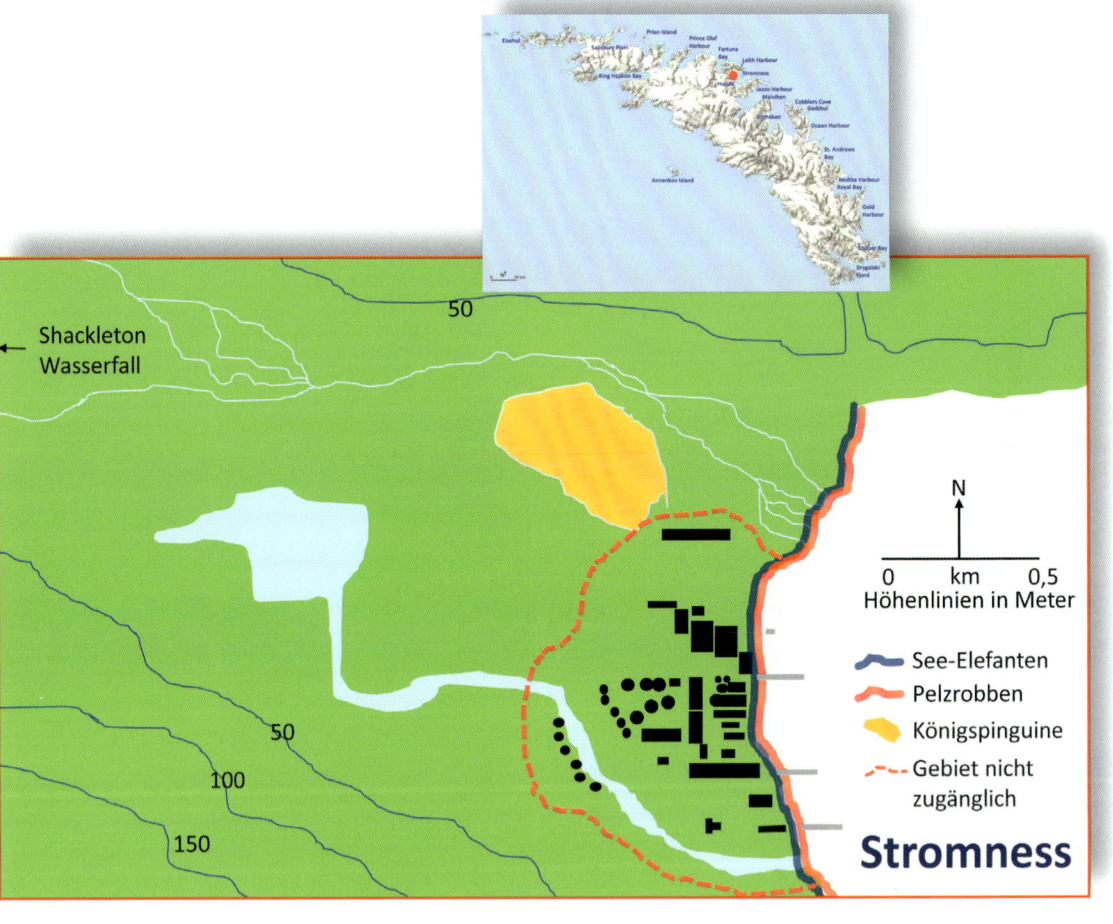

Stromness

Stromness Bay
- Leith Harbour
- Stromness
- Husvik
- Hercules Bay
- Gras Isl.
- Tonsberg Pt.

Stromness
- Shackleton Wasserfall
- See-Elefanten
- Pelzrobben
- Königspinguine
- Gebiet nicht zugänglich
- Höhenlinien in Meter

Linke Seite oben: Bei Temperaturen knapp über dem Gefrierpunkt kühlen sich Königspinguine gerne ihre Füße in dem vom Wasserfall gespeisten Schwemmfluss.

Unten: Die Kämpfe der Pelzrobben gegen Artgenossen zur Verteidigung des Harems kosten Energie. Ein Bad im frischen Gletscherwasser kühlt das heiße Gemüt.

Rechte Seite: Shackleton Valley mit dem Wasserfall im Hintergrund. Durch dieses Tal gingen Shackleton, Worsely und Crean auf dem Weg nach Stromness. Von dort aus konnten sie bereits die Schiffshörner der Station hören.

In den Buchten bei Leith Harbour, Stromness und Husvik wurden drei von den insgesamt sieben Walfangstationen Südgeorgiens betrieben. Sie liegen alle in der Stromness Bay nördlich der großen Cumberland West Bay, etwa auf halber Strecke zwischen dem Nordwest- und dem Südostende von Südgeorgien. Die in einem ähnlichen Zustand wie die ehemalige Walfangstation Grytviken befindlichen Gebäude der Station Stromness dürfen von Kreuzfahrern wegen der immer noch vorhandenen Asbestbelastung nicht besichtigt werden.

Bekannt wurde Stromness durch Sir Ernest Shackleton, der von Elefant Island schließlich völlig erschöpft mit Frank Worsley und Tom Crean den Ort Stromness erreichte und die ersehnte Hilfe für seine auf Elefant Island zurückgelassenen Kameraden erhielt. Eine der letzten Hürden bei der Überquerung des Inlandeises von Südgeorgien über den später nach ihm benannten Shackleton-Trail (von der Fortuna Bay zur Stromness Bay) war der Wasserfall, der sich am westlichen Ende des Schwemmlandes befindet, das bei Stromness ins Meer mündet. Viele Kreuzfahrer nutzen die Zeit, um sich bei einem etwa einstündigen Spaziergang diesem Wasserfall zu nähern.

Mögliche Tierbeobachtungen

Königspinguine
Eselspinguine
See-Elefanten
Pelzrobben
Raubmöwen
Antarktis-Seeschwalben

Jason Harbour

Little Jason Lagoon

Hut Point

The Split Pin

Lagoon Pt.

Jason Harbour

- 🟡 Königspinguine
- 〰 See-Elefanten
- 〰 Pelzrobben
- 🔵 Blauaugenkormorane

N

0 km 0,25

Höhenlinien in Meter

Eine männliche Pelzrobbe hockt zwischen Tussockgrasbulten und beobachtet die sich nähernden Besucher.

Unweit von Grytviken, auf der nördlichen Seite der Cumberland West Bay und unterhalb des 675 Meter hohen Jason Peak duckt sich der von grünen Küstenabschnitten eingerahmte Jason Harbour. In den von hohem Tussockgras und samtigen Moospolstern bedeckten, sanften Hügeln der Anlandungsstelle tummeln sich gern See-Elefanten und Pelzrobben, die man häufig erst im letzten Moment erblickt. Es ist ratsam, bei Landgängen auf erfahrene Guides zu vertrauen. Achten Sie insbesondere darauf, die Moospolster nicht zu betreten. Die Fußspuren bleiben über viele Jahre sichtbar, weil die Natur hier nur eine geringe Fähigkeit zur Regeneration besitzt.

Mögliche Tierbeobachtungen

Königspinguine
See-Elefanten
Pelzrobben
Südliche Riesensturmvögel
Blauaugenkormorane
Raubmöwen
Dominikanermöwen

Maiviken

Oben: Kräftiger Pelzrobbenbulle

Rechte Seite: Blick in die Bucht von Maiviken, an deren Ende der Maiviken-Trail nach Grytviken beginnt.

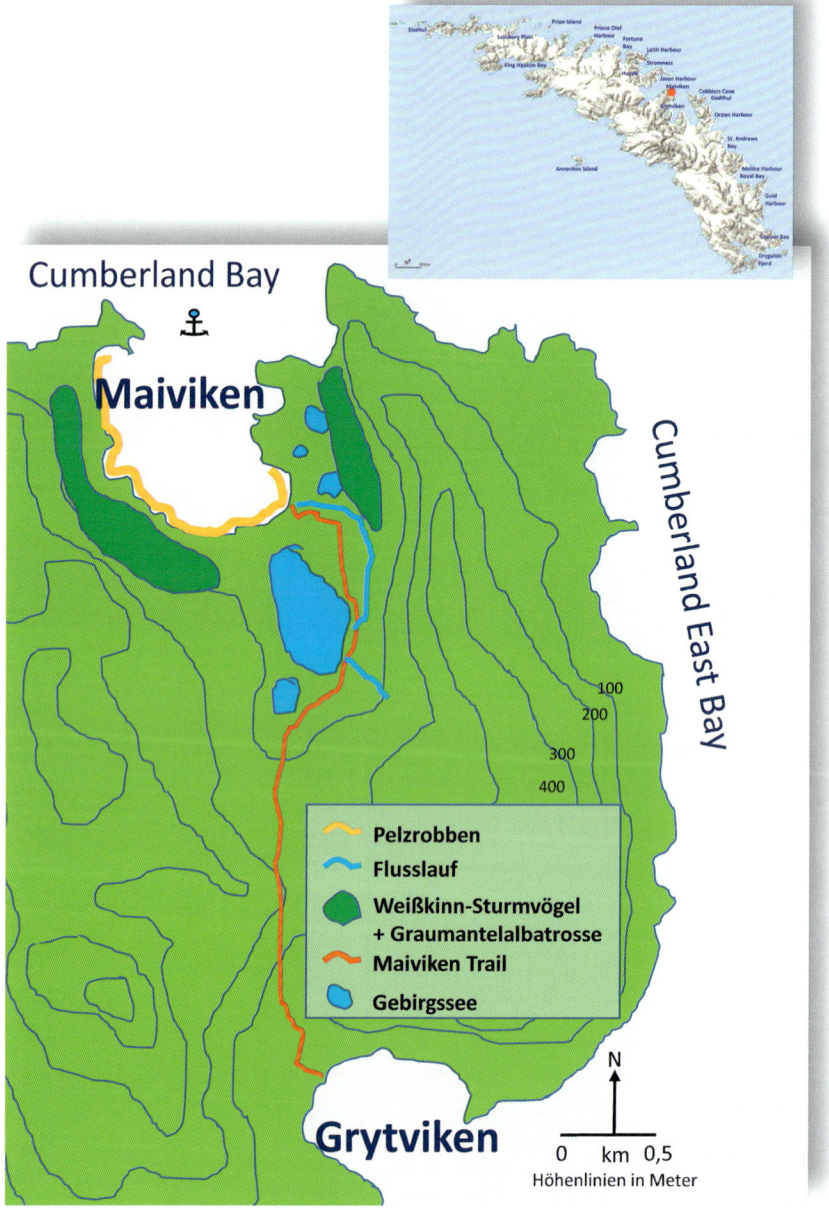

Cumberland Bay
Maiviken
Cumberland East Bay
Grytviken

- Pelzrobben
- Flusslauf
- Weißkinn-Sturmvögel + Graumantelalbatrosse
- Maiviken Trail
- Gebirgssee

Höhenlinien in Meter

Maiviken liegt in der Cumberland West Bay, einer nördlichen Nachbarbucht von Grytviken. Über den lohnenswerten Maiviken-Trail sind beide Buchten miteinander verbunden. Nicht selten ankern Kreuzfahrer in der Bucht von Maiviken und ermöglichen ihren Gästen eine geführte Wanderung über den Pass, die etwa 90 Minuten dauert. Der Weg ist zu Beginn sehr steil, und die Pelzrobben am Ufer sind in der Haremszeit etwas unwirsch. Auf dem Weg wechselt die Landschaft von einem mit Tussockgras bewachsenen Bachbett hinauf zu einer hügeligen Graslandschaft und mündet schließlich in einen Schieferboden im Umfeld der Passhöhe. Beeindruckend sind die Ausblicke in die Bucht von Maiviken und die Berglandschaft um Grytviken.

Mögliche Tierbeobachtungen

Eselspinguine
Pelzrobben
See-Elefanten
Raubmöwen
Graumantel-Rußalbatrosse
Weißkinn-Sturmvögel
Südgeorgische Spitzschwanzenten

Friedhof am Westufer der King Edward-Bucht.

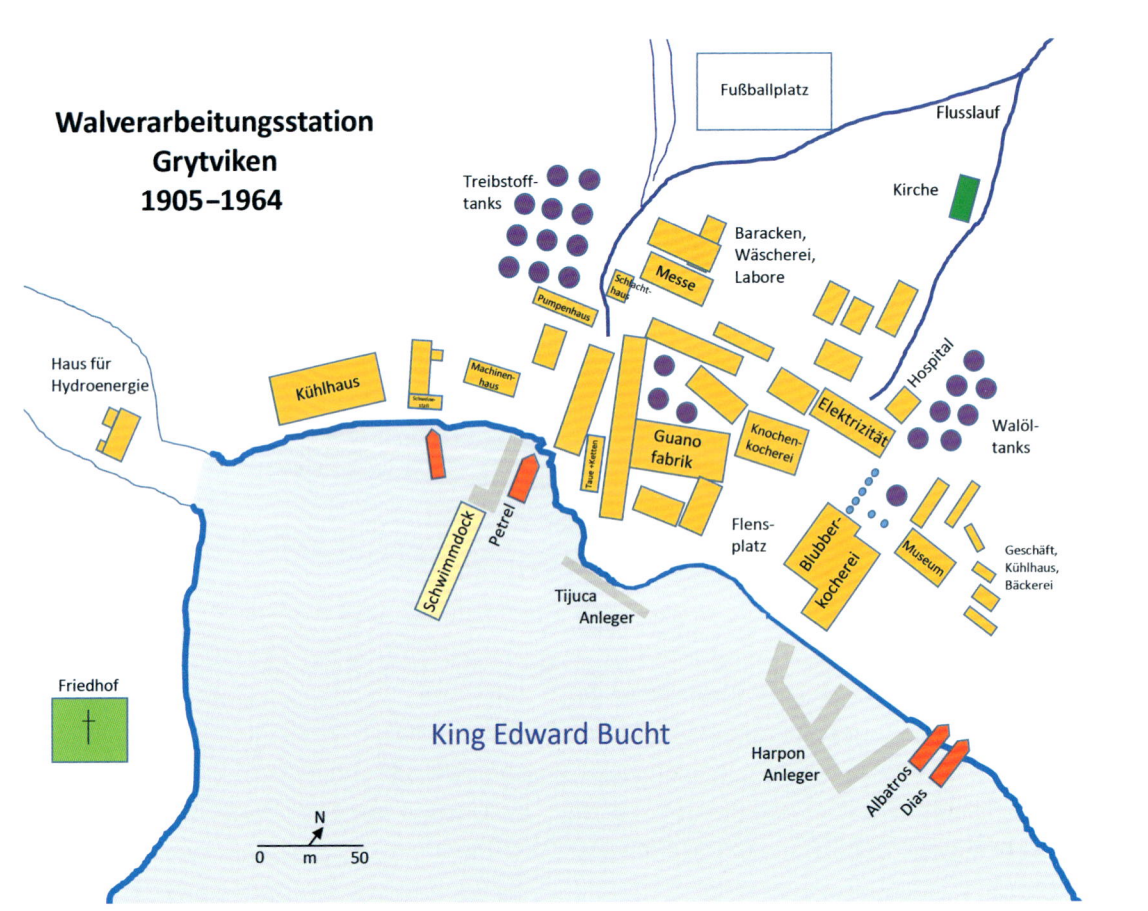

Grytviken

Walverarbeitungsstation Grytviken 1905–1964

Grytviken am Ende der King Edward-Bucht. Im Vordergrund der Friedhof und über den großen Tanks ein Hochtal, durch das ein Trail nach Maiviken führt.

Grytviken liegt in der von hohen Bergen geschützten King Edward-Bucht am Westrand der Cumberland East Bay. Diesen Ort hatte sich der Norweger Carl Anton Larsen, ein gebürtiger Brite, 1904 für die Gründung der ersten Walfangstation auf Südgeorgien ausgesucht. Dies ist die einzige ehemalige Walfangstation, die heute für Kreuzfahrer zugänglich ist. Die übrigen sechs Stationen sind aus Sicherheitsgründen (Asbestgefahr) nicht zu besichtigen.

Bei der Einfahrt nach Grytviken und bei guter Sicht strahlt das Weiß des gewaltigen Nordenskjöld-Gletschers am Ende der Cumberland East Bay. Er schickt gelegentlich kleine oder große Eisbrocken in die umliegenden Buchten und garniert das tiefe Blau des Meeres und das frische Grün der umliegenden Grashänge mit weißen, künstlerisch geformten Eisstücken.

In Grytviken ist die Vergangenheit noch sehr lebendig. Neben dem sehenswerten Museum sind

Mögliche Tierbeobachtungen

Eselspinguine
Königspinguine
Pelzrobben
See-Elefanten
Weißkinn-Sturmvögel
Südgeorgische Spießenten
Dominikanermöwen
Antarktis Seeschwalben
Graumantel-Rußalbatrosse

Spärliche Reste von Holzbooten.

viele Gebäude gut erhalten: die alte Trankocherei, die Schmiede, die Walfleischfabrik, die Wäscherei, das Pumpenhaus und andere Versorgungsgebäude. Der Rundgang durch die rostenden Maschinen und Tanks ist ebenso wie der Besuch des Walfänger-Friedhofs ein Muss. Hier liegt das Grab von Sir Ernest Shackleton und seinem langjährigen Freund und Weggefährten Frank Wild, der zusammen mit 21 weiteren Seeleuten auf Elephant Island unter härtesten Bedingungen ausharrte und darauf wartete, dass Shackleton zurückkehrt und die ersehnte Rettung bringt. Shackleton wurde am 5. März 1922 hier begraben. Sein Kopf liegt nach Süden, zur Antarktis, statt nach Osten, wie bei anderen Gräbern üblich. Der raue Granitstein mit seinem Namen wurde erst 1928 errichtet.

Mittlerweile hat sich unter Kreuzfahrern der Brauch entwickelt, dass der Kapitän auf den glücklosen aber charismatischen Polarforscher Shackleton einen Toast ausbringt.

Hinter dem Friedhof lohnt sich ein Gang den steilen Hang hinauf zu einem Stausee, von dessen Ufer der Gipfel des Mount Paget, höchster Berg von Südgeorgien, in voller Pracht zu sehen ist. Ihm liegt die gesamte Bucht von Grytviken zu Füßen. Auf dem Weg nach oben kommt man an zwei Kreuzen vorbei. Das untere Kreuz erinnert an Walter Slossarczyk, 3. Offizier des von Wilhelm Filchners geführten Expeditionsschiffes DEUTSCHLAND, das im Jahre 1911 Grytviken besuchte. Das obere Kreuz wurde in Gedenken an 17 Seeleute errichtet, die auf der SUDUR HAVID fuhren, einem südafrikanischen Fischerboot, das 1998 sank.

1912 waren bereits über 60 Walfangschiffe an der Nordküste Südgeorgiens für die Walfangindustrie im Einsatz. Grytviken war eine von insgesamt sieben Walfangstandorten in Südgeorgien. Parallel zu den Industrieanlagen wurden auch Schulen, Bäckereien, Sportplätze, Unterkünfte und Verwaltungsgebäude errichtet. Sogar eine Kirche wurde 1913 gebaut, die noch heute steht und zur Weihnachtszeit für festliche Andachten genutzt wird. Es muss damals in Grytviken zwischen den Schiffen, Flensplätzen, Tanks und Kochern heftig gestunken haben. Manche Gäste empfinden eine Beklommenheit angesichts der vergangenen Frevel. Finanziell war es ein profitables Geschäft, denn mit dem Öl der Wale konnte u. a. Nitroglycerin hergestellt werden. Tran war aber auch die Basis für die Herstellung von Seifen, Kerzen, als

Salbengrundlage für Kosmetika und Schmiermittel und fand Verwendung als Lampenöl. 1965 wurden die letzten Wale verarbeitet, nachdem die Profite deutlich einbrachen. Anders gesagt: Es gab fast keine Wale mehr in den Gewässern. Bis heute haben sich, nach Einschätzung von Meeresbiologen, die Bestände noch nicht wieder erholt.

Nach dem Abzug der Arbeiter blieb die Station ihrem Schicksal überlassen, ehe in den 1990er Jahren britische Soldaten mit ersten Aufräumarbeiten begannen. Wichtig war die Entsorgung von Schweröl, Asbest und scharfkantigen Gegenständen, um Verletzungen bei Pinguinen, Robben, See-Elefanten und Vögeln zu vermeiden. Vor Beginn der Jahrtausendwende waren die Arbeiten beendet, zurück blieben rostende Monumente zur Mahnung an eine grausame Zeit.

Mount Paget: Teil der Allardyce Range und höchster Berg der Insel.

Cobblers Cove

Pelzrobbe im dichten Tussokgras

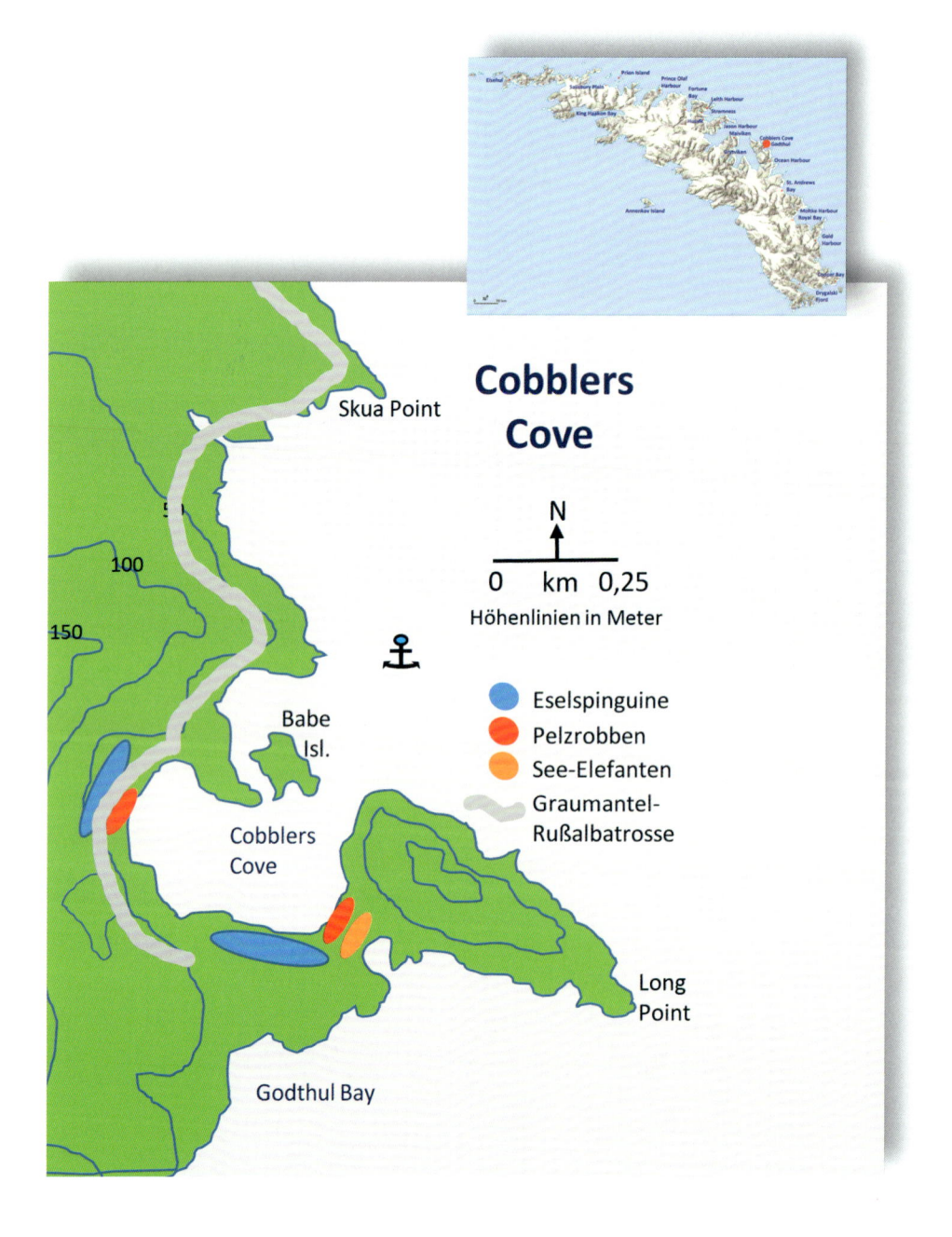

Cobblers Cove

N

0 km 0,25

Höhenlinien in Meter

- 🔵 Eselspinguine
- 🔴 Pelzrobben
- 🟠 See-Elefanten
- 〰️ Graumantel-Rußalbatrosse

Skua Point
Babe Isl.
Cobblers Cove
Long Point
Godthul Bay

Blausturmvogel

Cobblers Cove liegt nördlich der Bucht von Godthul und östlich der Cumberland Bucht bei Grytviken. Der erste überlieferte Name für diese geschützte Bucht an der Nordküste war Pleasant Cove. Unter Robben- und Walfängern wurde sie bald bekannt als Skomaker Hullet, der norwegische Name für Cobblers Cove. Entdeckt wurde sie von einem ehemaligen Schuhmacher und späteren Harpunier, der sie bei nebligen Bedingungen erstmalig befuhr. Er erkannte die hervorragende Lage der Bucht, die vor den meisten Winden geschützt ist.

Die Zufahrt von Nordosten ist sehr schmal und für Kreuzfahrtschiffe jeglicher Größe nicht befahrbar. Sie müssen vor der Bucht ankern und schicken ihre Zodiacs an dem knapp hundert Meter hohen Felsen an Backbord vorbei, der wie ein Wächter schützend vor dem natürlichen Hafen liegt.

Den schmalen Streifen Land hinter dem Felsen haben See-Elefanten und Pelzrobben für sich entdeckt, sodass sich eine Anlandung mit den Zodiacs hier nicht anbietet. Unweit der Robben tummeln sich Felsenpinguine, die jeden möglichen Landzugang an der felsigen Bucht besetzen. An einem kleinen flachen Abschnitt im Westteil kann man einige Pelzrobben sehen. Über allem kreisen Graumantel-Rußalbatrosse, deren Nester sich rund um die Bucht verteilen, während die Riesensturmvögel und die Weißkinn-Sturmvögel eher die höheren Lagen bevorzugen, wo sie im Schutz der Tussockgrasbüschel ihre Nester bauen.

Wenn sich die Gelegenheit bietet, sollten Sie die etwa 2,5 Kilometer nordwestlich am Skua Point vorbei bis Rookery Point fahren. Dort kann man Goldschopfpinguine beobachten.

Mögliche Tierbeobachtungen

Eselspinguine
Pelzrobben
See-Elefanten
Raubmöwen
Südliche Riesensturmvögel
Weißkinn-Sturmvögel
Blausturmvögel
Graumantel-Rußalbatrosse

Godthul

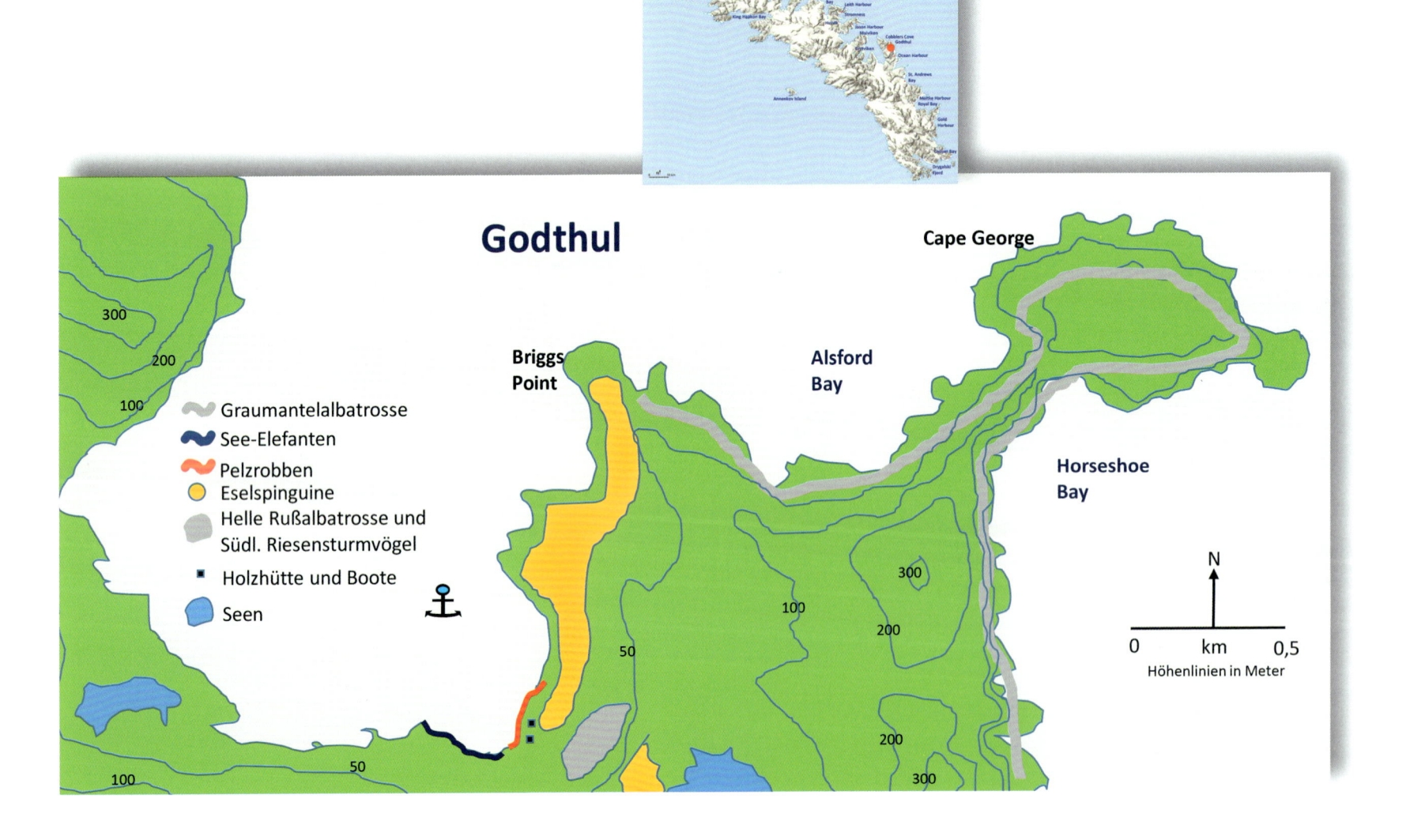

- Graumantelalbatrosse
- See-Elefanten
- Pelzrobben
- Eselspinguine
- Helle Rußalbatrosse und Südl. Riesensturmvögel
- Holzhütte und Boote
- Seen

Briggs Point · Alsford Bay · Cape George · Horseshoe Bay

Höhenlinien in Meter

Godthul liegt am Ende eines etwa drei Kilometer langen Fjordes auf einer zerklüfteten Halbinsel, die westlich von der East Cumberland Bay und östlich vom Südlichen Ozean umspült wird.

In Godthul war eine der insgesamt sieben Walverarbeitungsstationen auf Südgeorgien. Sie war von 1908–1929 in Betrieb. Heute sind noch die Reste einer Holzhütte, einige verrostete Fässer und Gerippe von drei Booten am südöstlichen Ende der Bucht zu sehen. Die Station war weitaus kleiner als die Stationen in Grytviken oder Stromness. Zwei Walfangschiffe waren hier stationiert, die von einem schwimmenden Fabrikschiff und landgebundener Infrastruktur unterstützt wurden.

Der Uferbereich der gesamten Bucht ist von üppigen Seetangwäldern eingerahmt. Wenn sich die Zodiacs durch die Wasserpflanzen gearbeitet haben, landen sie meist unweit der Walfangrelikte, es sei denn, hier tummeln sich gerade Pelzrobben. Schon vom Zodiac ist der etwa 30 Meter hohe Wasserfall zu sehen, der von einem Schmelzwassersee oberhalb der Hütte gespeist wird. Der dünne Wasserstrahl fällt entlang der bemoosten Felswand in die Tiefe und landet in einer kleinen Wasserfläche unweit der Küste.

An der Anlandungsstelle sind nur wenige Tiere zu sehen. Steigt man jedoch auf eine Anhöhe, hat man einen guten Blick auf eine große Kolonie von Eselspinguinen. Entlang der südöstlichen Begrenzung der Bucht und der Horseshoe Bay haben Rußalbatrosse und Südliche Riesensturmvögel gute Nistbedingungen. Einen eindrucksvollen Blick auf ihr Treiben und die felsige Küstenlinie gewinnt man nach einer kleinen Wanderung auf den Berg oberhalb der Horseshoe Bay.

Wer nicht so weit laufen möchte, kann zu dem kleinen See oberhalb der Station gehen, von wo aus Eselspinguine am Ufer oder im Wasser beobachtet werden können. Bitte halten Sie dabei ausreichend Abstand zu den nistenden Riesensturmvögeln.

Lohnenswert ist auch ein kurzer Ausflug zum Briggs Point. Auf dem Weg dorthin sind unzählige Eselspinguine sehen.

Bild oben: Neugier

Mögliche Tierbeobachtungen

Eselspinguine
See-Elefanten
Rußalbatrosse
Pelzrobben
Südliche Riesensturmvögel
Raubmöwen

Ocean Harbour

Ocean Harbour

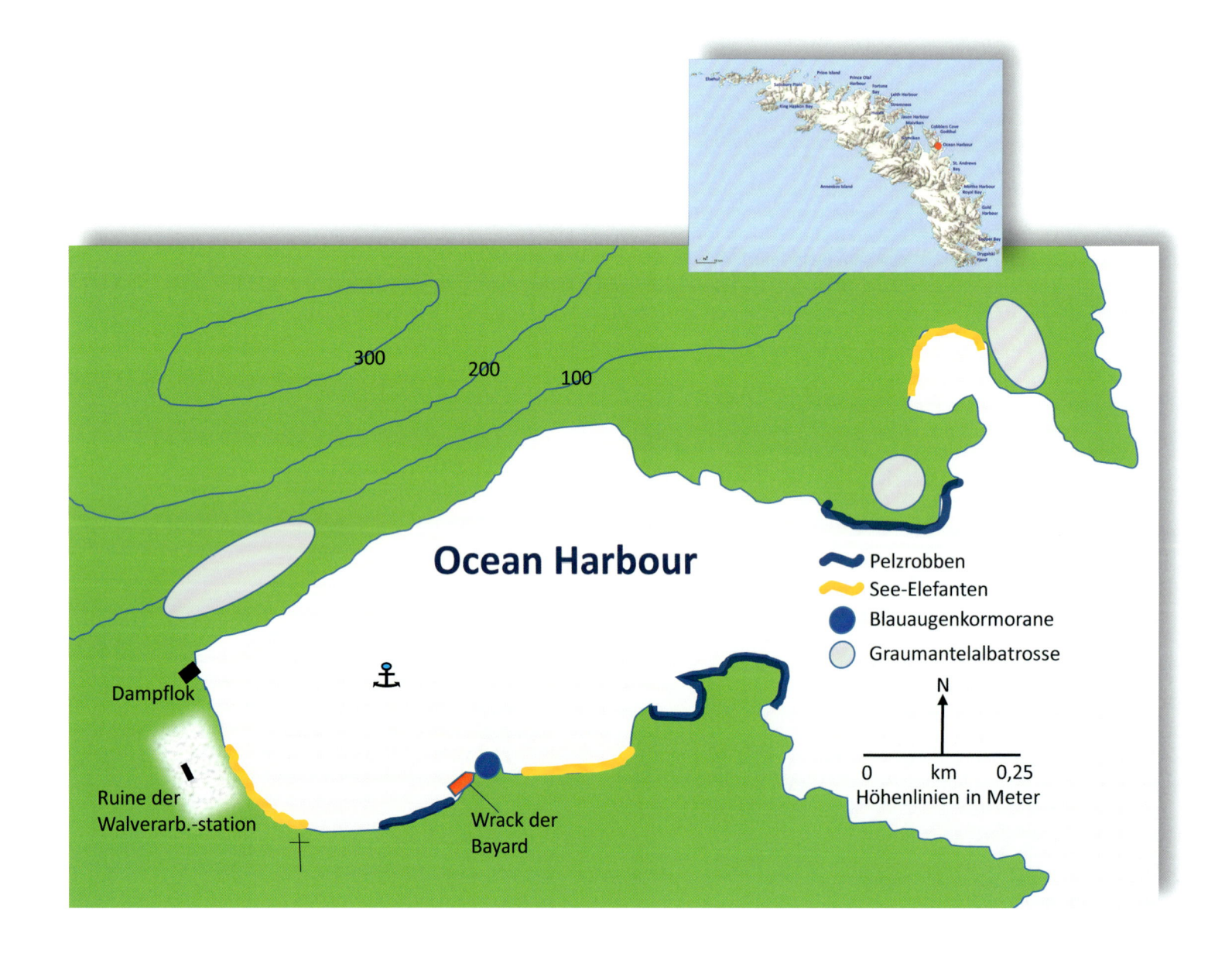

- Pelzrobben
- See-Elefanten
- Blauaugenkormorane
- Graumantelalbatrosse

Dampflok
Ruine der Walverarb.-station
Wrack der Bayard

N

0 km 0,25
Höhenlinien in Meter

Ocean Harbour liegt an der Ostküste der langgestreckten Halbinsel zwischen dem offenen Meer und der Cumberland East Bay. Wegen der geschützten Lage des Hafens wurde hier bis 1920 eine Walverarbeitungsstation betrieben. Auch heute bietet die Bucht allen Seeleuten auf kleineren Schiffen eine ideale Position, um sich von den Wellen- und Windturbulenzen des Südlichen Ozeans zu erholen.

Von dichten Seetangwäldern bedeckt, steigt das Nordufer steil an und bietet Pelzrobben und See-Elefanten nur im nordöstlichen Teil einige flache Strandabschnitte. Am Südufer hingegen liegen die Tiere an mehreren langen, von Klippen eingerahmten Sand- und Kiesstränden. Hier liegt auch das Wrack der BAYARD, ein Dreimaster, der mittlerweile von dichten Tussockgrasbulten bedeckt ist. Viele Tiere aus der umliegenden Blauaugenkormorankolonie haben das Schiffsdeck als ideale Brutstätte entdeckt. Eine weitere Sehenswürdigkeit ist die rostige Dampflok, die am Nordwestende der Bucht am Strand steht.

Früher grasten noch viele Rentiere in dem langgestreckten, schlammigen Tal am Ende der Bucht. Mittlerweile hat die südgeorgische Verwaltung alle Rentiere zum Abschuss freigegeben, um die Tierwelt der Insel von Arten zu befreien, die ursprünglich nicht hier lebten.

Bild oben: Mittagsruhe
Bild unten: Gymnastik

Mögliche Tierbeobachtungen

Pelzrobben
See-Elefanten
Graumantel-Rußalbatrosse
Blauaugenkormorane
Dominikanermöwen

St. Andrews Bay

Rechte Seite: Königspinguine am Fluss der St. Andrews Bay

St. Andrews Bay

Clark Point

~ Königspinguine
~ Südliche See-Elefanten
~ Antarktische Pelzrobben
~ Graumantelalbatrosse

N
0 km 0.15

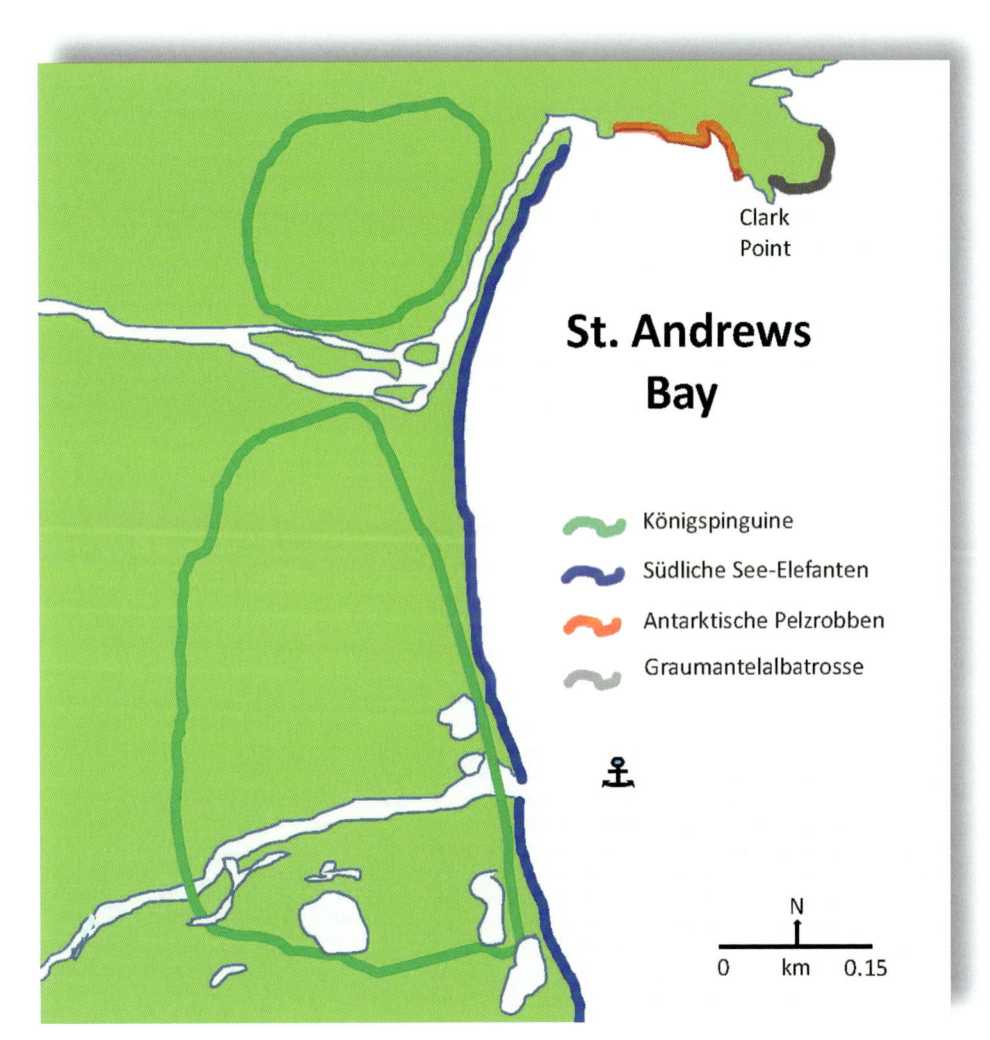

Vor dem Hintergrund der Allardyce Range mit den Gipfeln des Mount Roots, dem Nordenskjöld Peak, dem Mount Kling und dem Mount Brooker liegt die malerische St. Andrews Bay. Die Bucht ist 3,1 Kilometer breit und bietet bereits vom Meer kommend ein überwältigendes Panorama. Aufgrund der relativ offenen Lage zum Meer können Anlandungen mitunter schwierig sein, weil die Wellen auf den Strand drücken.

Keine andere Anlandungsstelle im atlantischen Südpolarmeer wird von so vielen Königspinguinen bevölkert. Der Anblick ist überwältigend, die vielstimmigen Laute der Kolonie sind die Musik Südgeorgiens. Das Zentrum der riesigen Kolonie liegt im Süden der Bucht rund um den Fluss, der vom Cook-Gletscher gespeist wird und viel Wasser führt. Bitte unterschätzen Sie die Wassertiefe nicht, wenn Sie mit Ihren Gummistiefeln in den Fluss steigen.

In den warmen Monaten sieht man die Jungvögel in ihrem braunen Flaum an den flachen Küstenabschnitten oder den Moränenrändern dicht an dicht stehen. Sie haben ständig Hunger und warten darauf, dass ihre Eltern mit frischem Tintenfisch oder Krill zurückkehren.

Für viele Kreuzfahrer ist St. Andrews Bay der Höhepunkt ihrer Antarktisreise. Für Viele ist es ein Ort des Innehaltens und des meditativen Beobachtens, andere gehen konzentriert mit Kameras und langen Objektiven auf und ab, um die besondere Stimmung festzuhalten. Ich empfehle den Fotografen, sich auch eine Zeit des stillen Beobachtens zu gönnen, des Einatmens einer Szenerie, die es nirgendwo anders auf diesem Planeten gibt.

Mögliche Tierbeobachtungen

Königspinguine
See-Elefanten
Pelzrobben
Raubmöwen
Graumantel-Rußalbatrosse

Royal Bay und Beaufoy Cove

Weißgesicht-Scheidenschnabel

Die Royal Bay ist eine breite Bucht im Südosten Südgeorgiens. Sie wird dominiert von dem Blick auf den Ross- und den benachbarten Hindle-Gletscher, die sich von den östlichen Ausläufern der Allardyce Range – dem Hauptkamm von Südgeorgien – nach Osten in die Royal Bay ergießen.

Neben dem Nordenskjöld-Gletscher in der Cumberland East Bay, dem Twitcher-Gletscher im Südosten, dem Neumayer-Gletscher in der Cumberland West Bay und dem Fortuna-Gletscher westlich der Fortuna Bay ist der Ross-Gletscher einer der sehenswertesten Gletscher an der Nordküste von Südgeorgien. Im Nordteil der Bucht befindet sich der Naturhafen Moltke Harbour, der an die seismischen und botanischen Experimente des Deutschen Expeditionsleiters Carl Schrader erinnert, die um 1882 im Rahmen des Internationalen Polarjahres durchgeführt wurden. Der Hafen wurde nach Schraders Schiff benannt.

Im Südteil der großen Bucht liegt die Beaufoy Cove mit ihrer sehenswerten Tierwelt rund um den Brisbane Point, wo sich Pelzrobben, See-Elefanten, Königspinguine und weitere interessante Vögel beobachten lassen.

Hauptattraktion ist die große Königspinguinkolonie. Nutzen Sie die Gelegenheit für einen kleinen Spaziergang den Moränenhügel hinauf, um die Kolonie von oben zu sehen. Der Blick auf die Tiere und die gesamte Bucht bis hin zum Weddell-Gletscher, der früher Beaufoy Cove komplett mit Eis bedeckte und sich mittlerweile zurückgezogen hat, ist großartig.

Anlandungen mit Zodiacs sind nur selten möglich, weil Brisbane Point ungeschützt vor Wind und Wellen liegt und von kleinen Felsen unter Wasser umgeben ist.

Mögliche Tierbeobachtungen

Königspinguine
See-Elefanten
Pelzrobben
Südliche Riesensturmvögel
Blauaugenkormorane
Weißgesicht-Scheiden-
   schnäbel
Graumantel-Rußalbatrosse
Südgeorgische Spießenten

Gold Harbour

Königspinguine flanieren am dunklen Strand von Gold Harbour. Im Hintergrund ist die Zunge des Bertram-Gletschers zu erkennen.

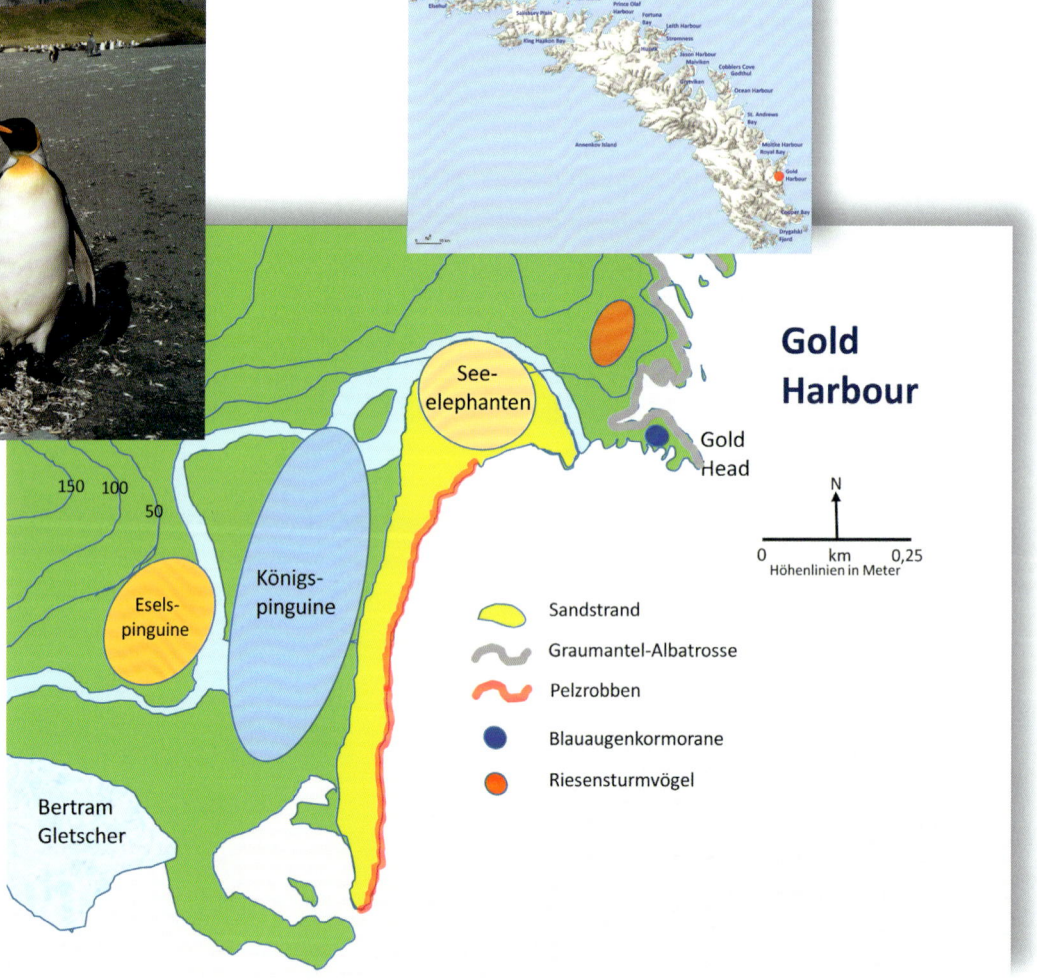

Gold Harbour

- Sandstrand
- Graumantel-Albatrosse
- Pelzrobben
- Blauaugenkormorane
- Riesensturmvögel

Südlich von Cape Charlotte im Südostteil von Südgeorgien liegt Gold Harbour. Die Bucht ist zweifellos eines der Kreuzfahrt-Highlights der gesamten Insel. Optisch dominiert von der eisigen Zunge des Betramgletschers und den umliegenden Bergen, zieht sich hinter dem Strand aus graubraunem, grobkörnigem Sand ein saftiger Grünstreifen aus Tussockgras über die Schwemmlandebene bis zu den Moränenhängen hinauf.

Zwischen dem Meer und dem Grün liegen See-Elefanten. Bei einer Anlandung im frühen November trifft man die Jungtiere an, die kurz vorher geboren wurden. Ihre Mütter sind während der Stillzeit an Land, bis sie sich schließlich ausgehungert ins Meer begeben. Mitte Dezember begegnen wir den subadulten Männchen, die über drei bis fünf Wochen ihr Fell wechseln und das bei strenger Diät und großer Neugier auf fremde Wesen am Strand. Sie krabbeln unter Fotostative, schnuppern an den Gummistiefeln der Rotjacken und werfen Fahnenstäbe um, die die Lektoren in den Sand gesteckt haben, um die Besucher durch die Kolonie zu führen. Bleiben Sie einfach nur stehen, hat sich sicher nach wenigen Minuten eines der Tiere an Sie herangerobbt und schaut Sie mit seinen dunklen Knopfaugen verlangend an. Es ist natürlich schwer, der Versuchung eines Streichelns zu widerstehen. Genießen Sie einfach nur die Situation. Auch ohne Berührung ist diese Begegnung großartig genug.

Im nördlichen Teil des Strandes liegen die See-Elefanten. Weiter südlich und rund um den Fluss, dessen Wasser aus dem oberhalb liegenden Gletscher gespeist wird, tummeln sich die Königspinguine. Bei Temperaturen über dem Gefrierpunkt kühlen Sie gern ihre Füße im Wasser. Im dahinter liegenden Tussockgras halten sich Pelzrobben auf.

Wer Zeit und Gelegenheit hat, sollte sich die Szenerie von einer Anhöhe der Klippen anschauen. Vielleicht bekommen Sie so die Chance, Rußalbatrosse zu beobachten.

Die Anlandungen sind besonders attraktiv, wenn die Zodiacs westlich von Gold Head landen, wo alle Tierarten dieses Küstenabschnittes beobachtet werden können. An Gold Head ist der Sandstrand bereits in Klippen übergegangen, die von Seetang umspült werden.

Links: See-Elefanten halten sich einfach nicht an die von Lektoren abgesteckten Besuchskorridore.

Rechts: jugendlicher See-Elefant

Mögliche Tierbeobachtungen

Königspinguine
Eselspinguine
See-Elefanten
Pelzrobben
Südliche Riesensturmvögel
Graumantel-Rußalbatrosse
Rußalbatrosse
Raubmöwen
Blauaugenkormorane
Antipoden-Seeschwalben

Cooper Bay

Südlicher Riesensturmvogel

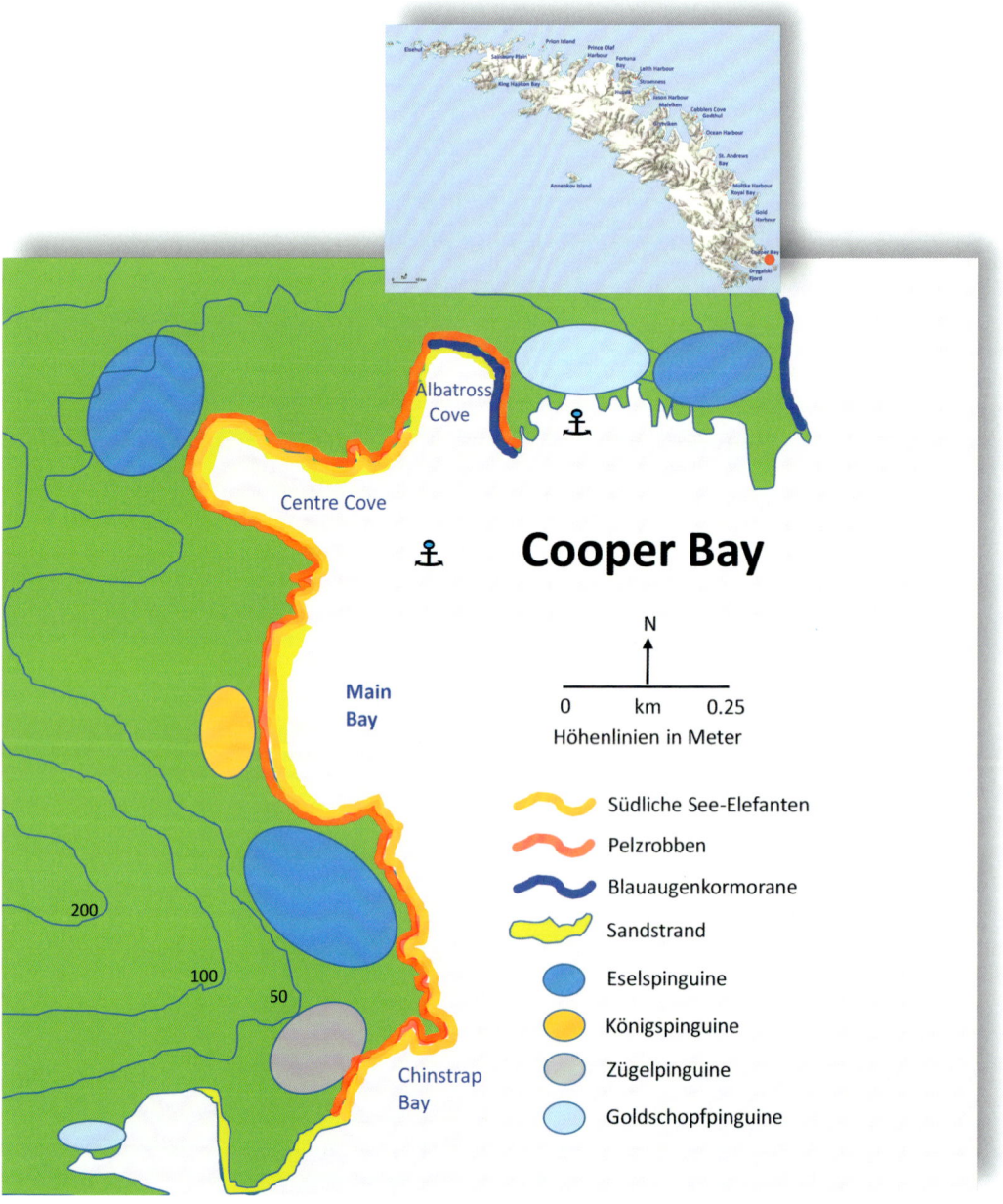

Cooper Bay

Höhenlinien in Meter

- Südliche See-Elefanten
- Pelzrobben
- Blauaugenkormorane
- Sandstrand
- Eselspinguine
- Königspinguine
- Zügelpinguine
- Goldschopfpinguine

Buntfuß-Sturmschwalbe

Am südöstlichen Zipfel von Südgeorgien, nördlich der Einfahrt zum Drygalski-Fjord, liegt mit einer südlichen Öffnung Cooper Bay. Schon an der Anlandungsstelle trifft man auf eine grüne Vegetation und eine vielfältige Tierwelt. An den steinigen Hängen fallen die etwa 10 000 Zügelpinguine sofort auf, die nördlichste Kolonie dieser Pinguinart weltweit.

Die Eselspinguine hingegen lieben eher die gemäßigt ansteigenden Hügel, die kletterfähigen kleinen Goldschopfpinguine bevölkern die steilen Felsabschnitte.

Anlandungen finden vorwiegend im nördlichen Teil, unweit der Kolonie von Goldschopfpinguinen statt. Aber nahezu am gesamten Strandbereich von Cooper Bay patrouillieren Pelzrobben. Vorsicht ist geboten, besonders beim Gang zwischen den Tussockgrasbulten, wo die flinken Robben oftmals erst sehr spät erkannt werden.

Mögliche Tierbeobachtungen
Zügelpinguine
Goldschopfpinguine
Eselspinguine
See-Elefanten
Pelzrobben
Blauaugenkormorane
Buntfuß-Sturmschwalben
Riesensturmvögel
Rußalbatrosse
Raubmöwen
Südgeorgische Wiesenpieper

Drygalski-Fjord

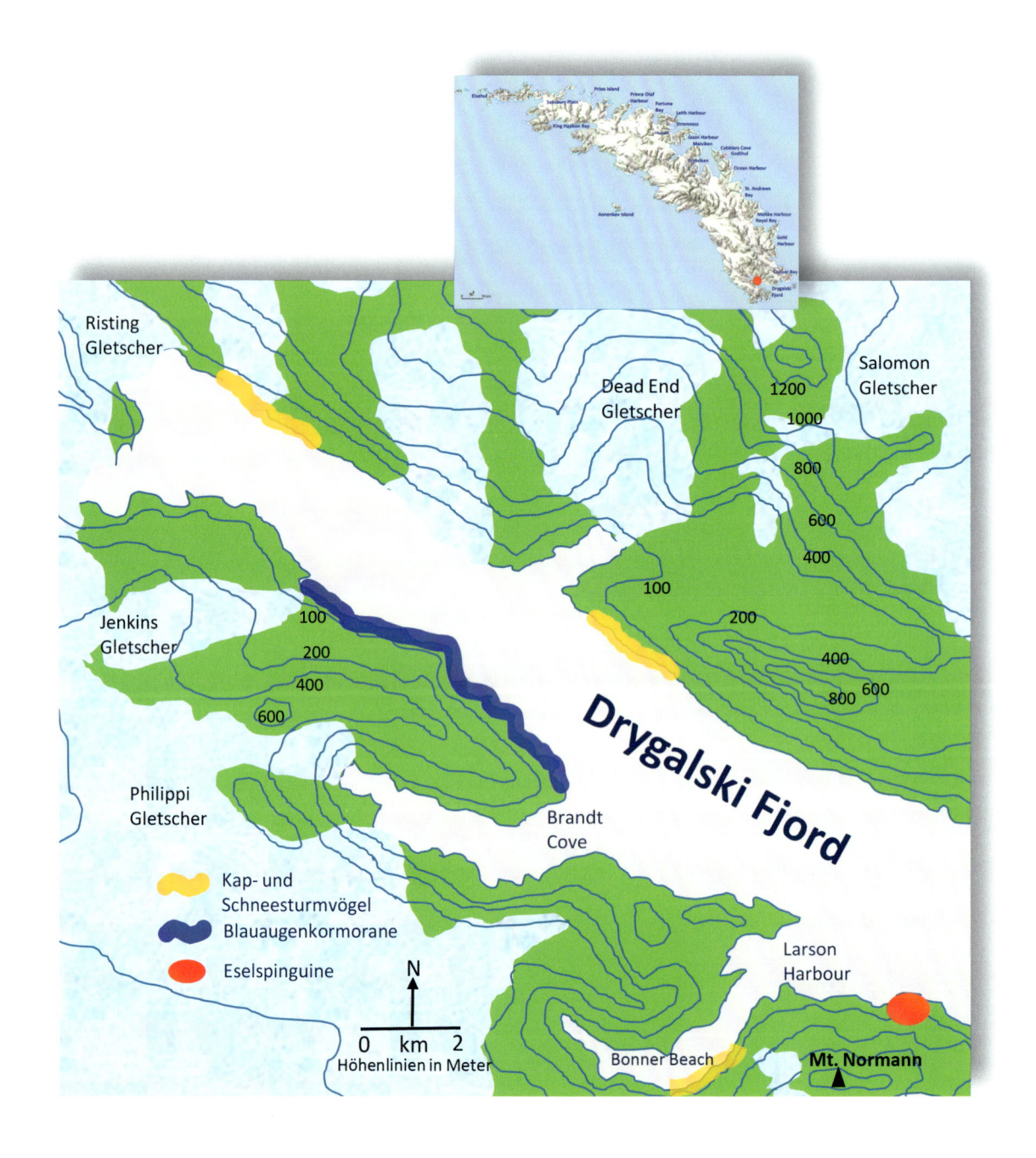

Schneesturmvogel

Dieser elf Kilometer lange und 16 Kilometer breite Meeresarm, der sich weit im Süden teilt und dem Betrachter einen Einblick in das Innere der Insel erlaubt, gehört zu den landschaftlichen Höhepunkten der Insel. Höchster Gipfel an der östlichen Fjordküste ist der Mount Carse mit 2 330 Metern, der zur Bergkette Salvesen Range gehört.

Bevor das Schiff am Fjordende den ins Meer mündenden Risting-Gletscher erreicht, fährt es durch eine atemberaubend schöne Fjordlandschaft mit Schnee bedeckten Felswänden und Gletscherzungen an steilen Hängen. Die Bucht verengt sich im hinteren Teil, ohne jedoch den Gesamtblick auf die Szenerie einzuschränken. Die Gletscher enden in einer breiten und hohen Wand aus gezacktem Eis, dessen Spalten bei gutem Licht türkisfarbene Einblicke in ihr Innenleben gestatten.

Wer die Gelegenheit hat, mit dem Zodiac von Larsen Harbour in Richtung Bonner Beach zu fahren, wird vielleicht eine kleine Gruppe Weddellrobben sichten, die sich nirgends soweit nördlich aufhalten wie hier im Drygalski-Fjord. Der Name des Fjordes geht auf Erich von Drygalski zurück, den Leiter einer Polarexpedition 1901–1903 (vgl. Bd. I, S. 195).

Mögliche Tierbeobachtungen

Eselspinguine
Weddellrobben
Blauaugenkormorane
Antarktis-Seeschwalben
Buntfuß-Sturmschwalben
Breitschnabel
Kapsturmvögel
Tauchsturmvögel
Taubensturmvögel
Südliche Riesensturmvögel
Schneesturmvögel

Südliche Sandwichinseln

(Quelle der Grafiken und Karten: Cartomedia Karlsruhe; eigene Karten)

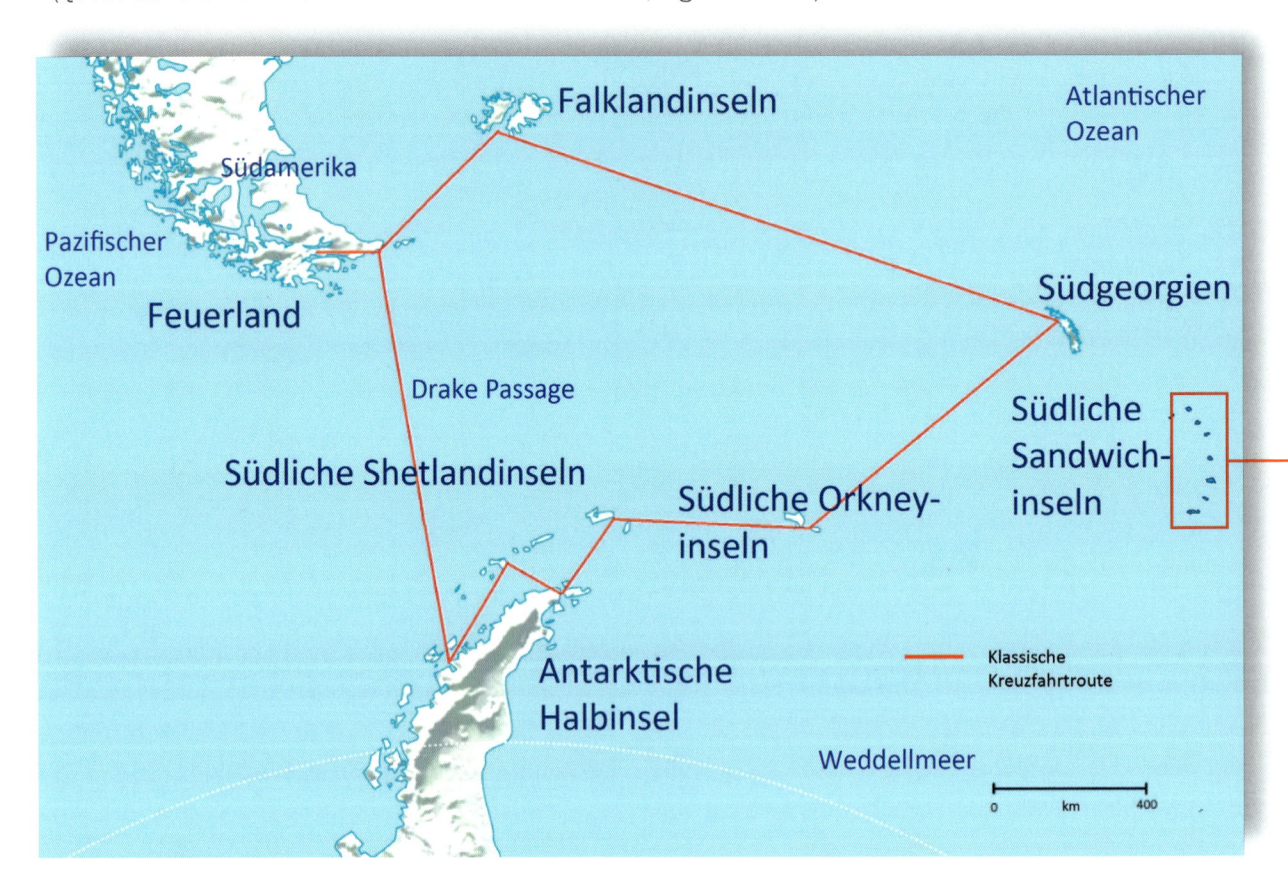

Die Südlichen Sandwichinseln werden von den meisten Reiseanbietern nicht angesteuert, da sie nicht auf einer der Hauptrouten liegen. Mit ihren aktiven Vulkanen, den gletscherbedeckten Hängen und den riesigen Pinguinkolonien ist die Inselgruppe jedoch eine Reise wert.

Der politisch zu den British Overseas Territories gehörende Inselbogen hat eine Nord-Süd-Ausdehnung von knapp 400 Kilometer und eine kumulierte Inselfläche von 310 Quadratkilometer. Höchster Berg ist der noch aktive, 1 370 Meter hohe Vulkan Mount Belinda auf Montagu Island, der größten

Zavodowski Island 25 qkm

Leskov Island 0,4 qkm

Visokoi Island 35 qkm

Traversayinseln
- Zavodowski
- Leskov
- Visokoi

Candlemas Island 14 qkm

Vindication Island 5 qkm

Candlemasinseln
- Candlemas
- Vindication

Südliche Sandwichinseln

N
0 km 50

Saunders Island 40 qkm

Montagu Island 110 qkm

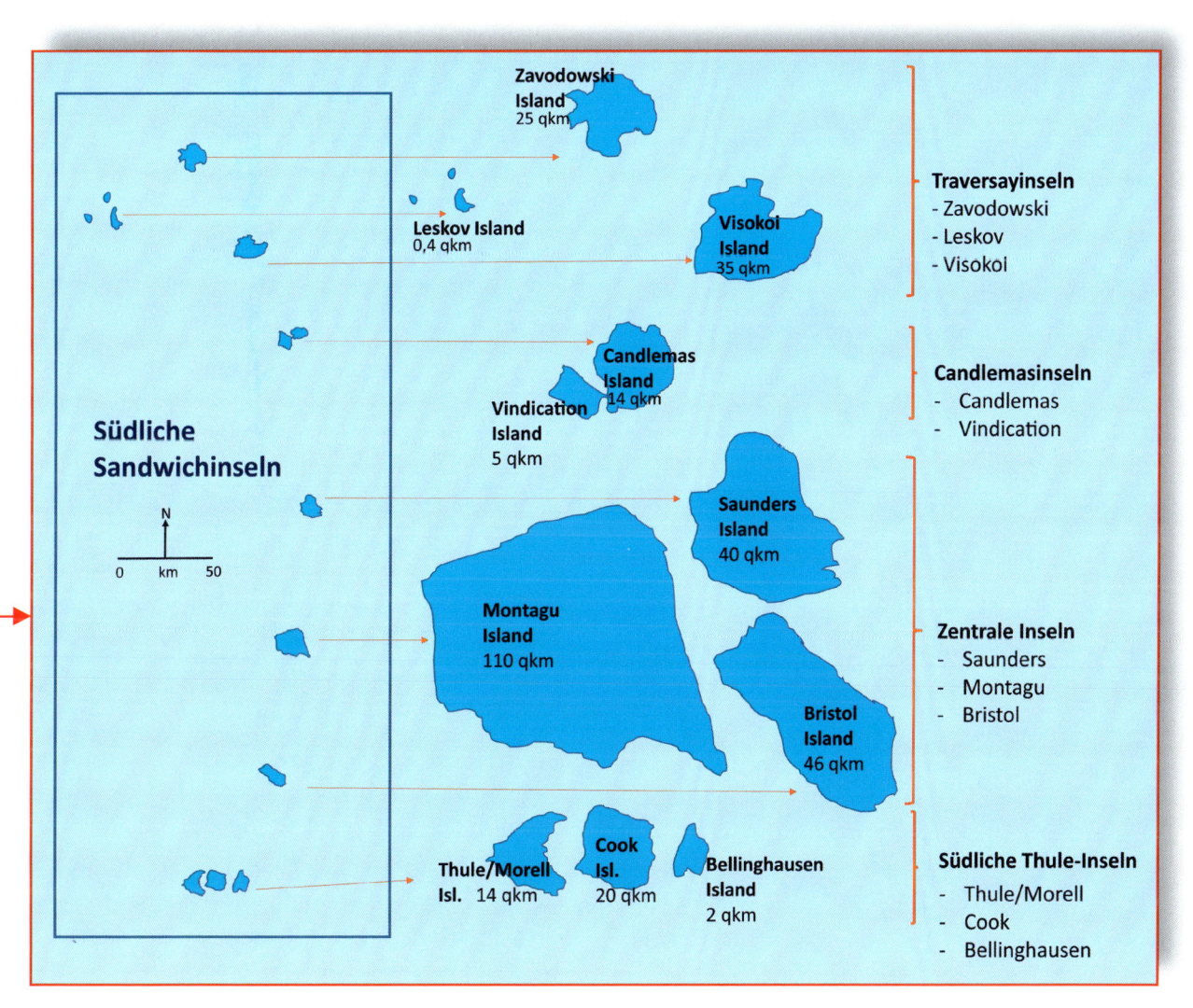

Bristol Island 46 qkm

Zentrale Inseln
- Saunders
- Montagu
- Bristol

Thule/Morell Isl. 14 qkm

Cook Isl. 20 qkm

Bellinghausen Island 2 qkm

Südliche Thule-Inseln
- Thule/Morell
- Cook
- Bellinghausen

Mögliche Tierbeobachtungen

Zügelpinguine
Eselspinguine
Adéliepinguine
Goldschopfpinguine
Pelzrobben
Südliche See-Elefanten

Insel des Archipels. Die größte Zügelpinguinkolonie mit geschätzt einer halben Million Brutpaare liegt auf Zavodowski Island, der nördlichsten Insel der Kette.

Anlandungsstellen auf den Südlichen Orkneyinseln

(Quelle der Grafiken und Karten: Antarctic Treaty Secretary, Buenos Aires; Cartomedia Karlsruhe; eigene Karten)

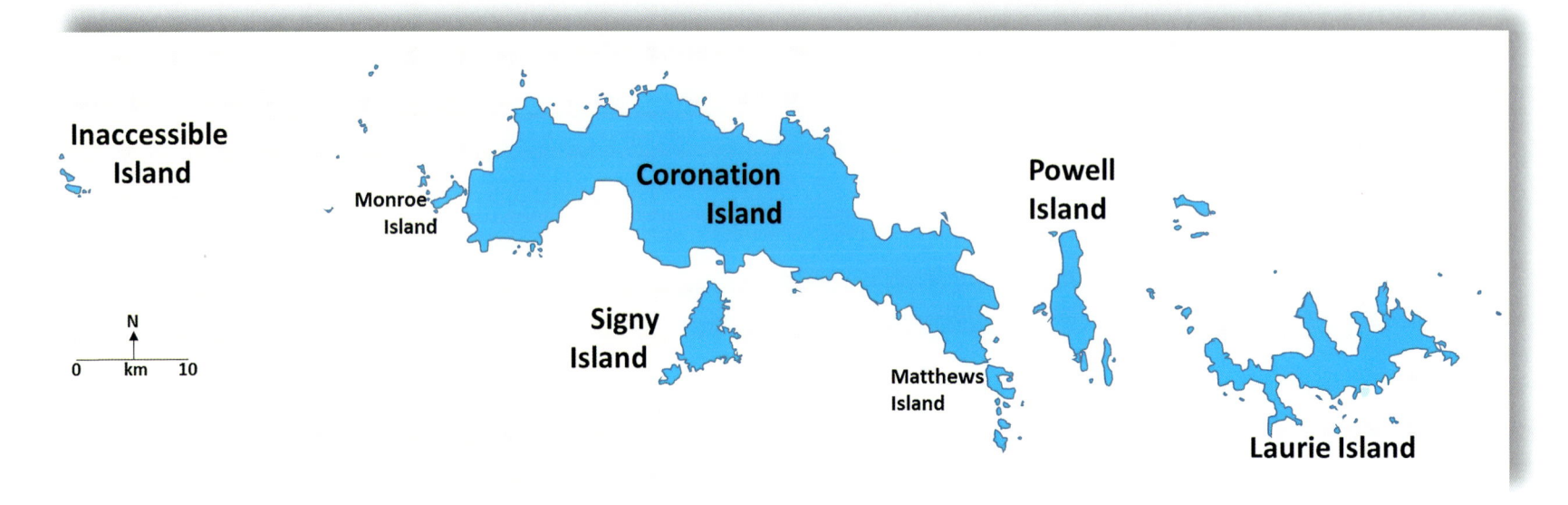

Rechte Seite oben: Blick von Norden auf die Südlichen Orkneyinseln

Unten: Treibende Eisberge südlich von Coronation Island

Die Südlichen Orkneyinseln liegen auf dem Weg von Südgeorgien nach Elefant Island. Mit einer Ausdehnung von 620 Quadratkilometern gehören sie zur kleinsten zusammengehörigen Inselgruppe im Südlichen Ozean. Die Inseln liegen in der nordöstlichen Verlängerung der Antarktischen Halbinsel zwischen den Breitengraden 60,4 und 60,8 Süd und unterliegen damit bereits mit allen Teilinseln dem Antarktisvertrag. Sowohl die Briten als auch die Argentinier beanspruchen den Archipel für sich.

Mit nur etwa 100 Sonnenstunden pro Jahr gehören die Südlichen Orkneyinseln zu einer der sonnenärmsten Regionen der Erde. Der stetige Westwind bringt viel Nebel, und das Meer ringsherum ist von Juni bis Anfang November vereist. Diese Bedingungen klingen nicht unbedingt einladend für einen Besuch, aber aus Südgeorgien kommend vermitteln die Südlichen Orkneyinseln erste antarktische Gefühle. Riesige Tafeleisberge und bizarre, in vielfältigen Blautönen schimmernde Eisgebilde, auf denen kleine Gruppen von Pinguinen stehen, treiben wie Kobolde im Meer. Oft stehen die Pinguine so hoch über der Wasseroberfläche, dass die Vermutung nahe liegt, der Eisberg hätte sich ein wenig gedreht, damit die Tiere es geschaffen, auf ihn drauf zu springen.

Bemerkenswert ist, dass auf den Südlichen Orkneyinseln mehr Tierarten leben als auf den

Quelle: www.meteomanz.com

Monatliche Durchschnittstemperaturen und -niederschläge für die Südlichen Orkneyinseln (Argentinische Station Base Orcadas 2019–2021)

	Jan	Feb	Mär	Apr	Mai	Jun	Jul	Aug	Sep	Okt	Nov	Dez
Durchschnittstemperatur nach Monat [C°]	-0,9	-0,7	-1,8	-4,6	-8,5	-12,3	-13,9	-13,0	-9,4	-6,0	-3,4	-1,6
Durchschn. Niederschlag nach Monat [mm]	48,6	38,5	65,0	82,2	42,8	43,7	45,1	61,1	41,2	48,9	48,7	45,5

Galapagos-Inseln. Zu dieser Erkenntnis kamen 23 Wissenschaftler im Jahr 2008. Die mehrere Monate dauernde faunistische Untersuchung ergab mehr als 1 200 Tierarten.

Die Walfänger George Powell und Nathaniel Palmer entdeckten die Inseln 1821 und tauften sie Powell´s Group. Ein Jahr später stellte der Brite James Weddell fest, dass die Inselgruppe in gleicher Entfernung zum Äquator liegt wie die britischen Orkneyinseln. So wurden die Inseln umbenannt. Lediglich eine der kleineren Inseln bekam, in Erinnerung an George Powell, den Namen Powell Island. Schon im späten 18. Jahrhundert begann eine ausgedehnte Jagd auf Robben, bis in den 1930er Jahren nahezu alle Bestände vernichtet waren. Die Südliche Pelzrobbe, deren Fell besonders begehrt war, galt bereits um 1830 an vielen Küsten als ausgerottet. Zudem wurden im 20. Jahrhundert überall in der Region Walfangstandorte errichtet. Eine von ihnen lag auf Signy Island unweit der heutigen britischen Forschungsstation. Sie ist jedoch für Kreuzfahrtgäste nicht zugänglich.

Laurie Island

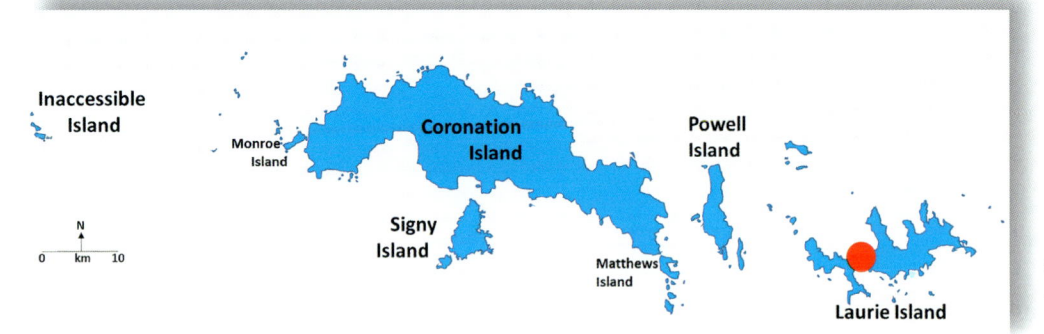

Die östlichste der Südlichen Orkneyinseln beherbergt mit der argentinischen Forschungsstation Orcadas die älteste Forschungsstation der Antarktis. Wenn es die Eisbedingungen zulassen, nähern sich die Kreuzfahrtschiffe meist von Norden über die Jessie Bay, um die Gäste in der Uruguay Cove vor der Station an Land zu bringen. Häufig wird der Archipel von Treibeis eingenommen, oft auch im Hochsommer, sodass auch eisgängige Passagierschiffe schwer durchkommen. Unweit der Station, an der herrlichen Scotia Bay, bevölkern Adélie-, Esels- und Zügelpinguine den Strand. An den übrigen Stränden rund um die Insel gibt es keine Anlandungsmöglichkeiten.

Orcadas wurde 1903 zunächst von dem schottischen Natur- und Polarforscher William Spiers Bruce als meteorologische Station Ormond House gegründet. Bruce leitete in den Jahren 1902–1904 die Scottish National Antarctic Expedition, die dann ihre Forschungsaktivitäten einstellen musste, weil sowohl die Briten als auch die Schotten weitere finanzielle Unterstützung verweigerten: Bruce hatte seine Arbeit zu sehr den wissenschaftlichen Zielen gewidmet und nicht der Entdeckung neuer Länder. Als der britische Botschafter in Buenos Aires, W.H.D. Haggard, von den finanziellen Engpässen des Forschers hörte, informierte er die argentinische Regierung. Diese Anfrage führte 1904 zur Übernahme der Station durch den Meteorologischen Dienst Argentiniens. Seitdem ist sie kontinuierlich besetzt und betreibt glaziologische, seismologische und meteorologische Forschungen. 1927 wurde hier die erste Funkstation der Antarktis in Betrieb genommen.

Besucher sind jederzeit willkommen und werden durch die Station geführt. Da die Kreuzfahrtschiffe ihren Besuch auf der Station ankündigen, werden die Gäste mit Kaffee und leckeren Keksen empfangen.

Lohnenswert ist auch ein Besuch des kleinen Museums. José Manuel Moneta, nach dem das Museum benannt ist, arbeitete hier in den 1920er Jahren und leitete die Station 1927–1929.

Oben: Dichtes Treibeis in der Jessie Bay vor der argentinischen Station Orcadas auf Laurie Island.

Unten: Señor Casanovas ist stolz auf seinen 2 680 Kilometer entfernten Heimatort Mar del Plata und freut sich, nach einem Jahr Dienst in der Station wieder nach Hause zu kommen.

Mögliche Tierbeobachtungen

Eselspinguine
Zügelpinguine
Adéliepinguine
Pelzrobben

Coronation Island und Shingle Cove

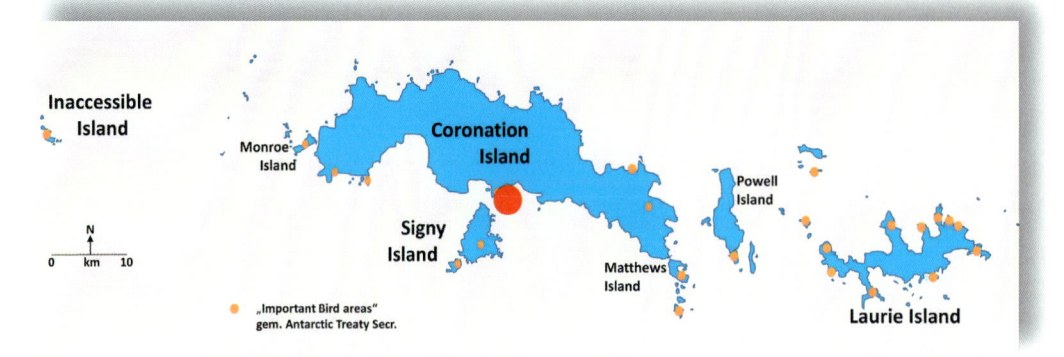

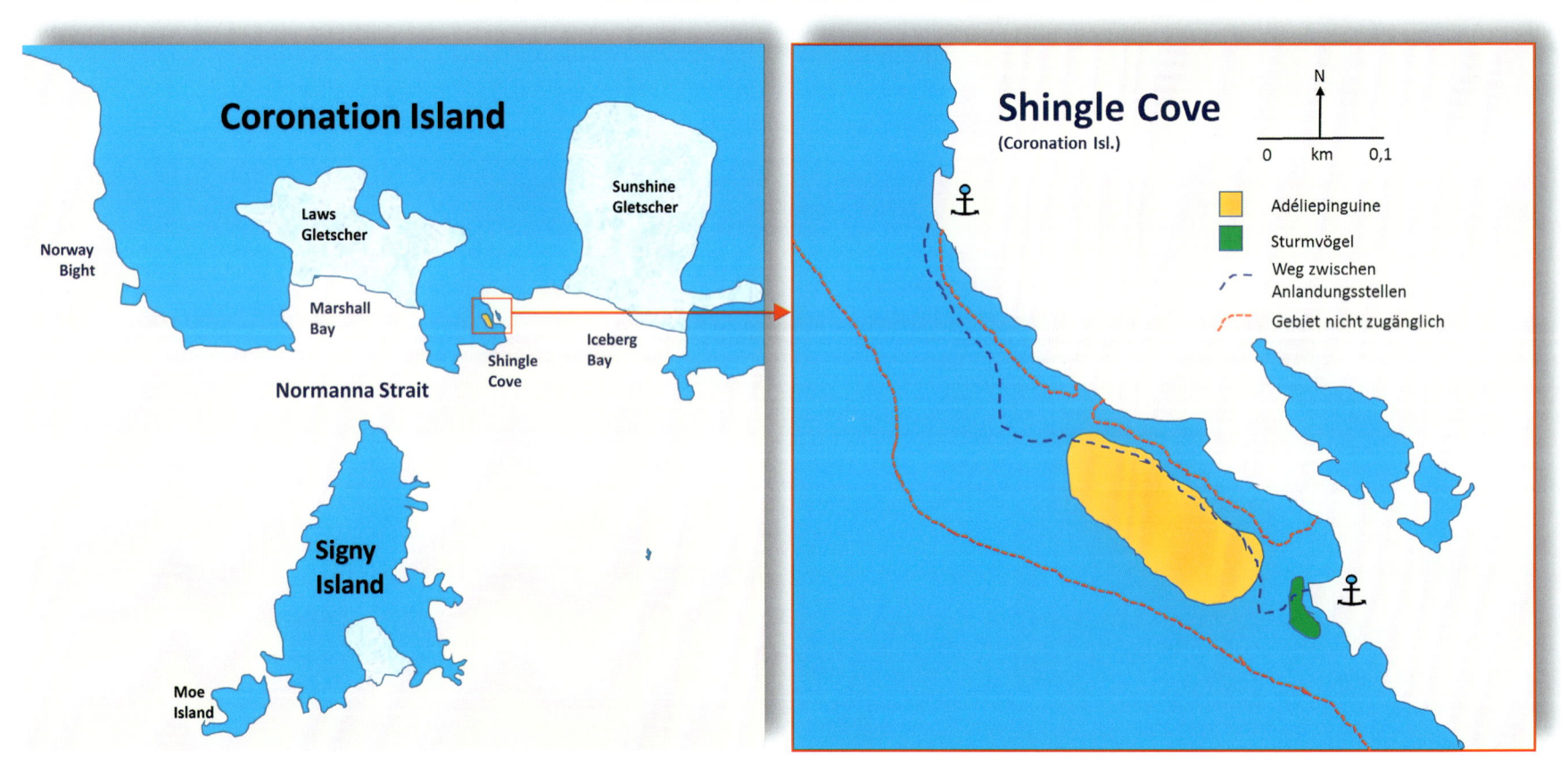

Silbersturmvogel

Die größte Insel des Archipels mit einer Länge von 50 Kilometern und einer Breite von 15 Kilometern ist Coronation Island. Die beeindruckende, meist vergletscherte Bergwelt bietet ein fantastisches Panorama. Der Blick darauf ist jedoch nur jenen Glücklichen vergönnt, die einen der wenigen Tage erwischen, an denen sich die Insel nicht in eine Wand aus Wolken und Nebel hüllt, die auch den mit 1 265 Metern höchsten Berg Mount Nivea gern versteckt. Der Brite Georg Powell und der Amerikaner Nathaniel Palmer entdeckten die Insel im Dezember 1821 und gaben ihr anlässlich der Inthronisierung von König Georg IV im Jahr 1820 den Namen „Krönungsinsel".

In der Shingle Cove Bay, einer kleinen Einbuchtung der Iceberg Bay, gibt es zwei Anlandungsstellen, die durch einen Pfad verbunden sind. Er führt an einer herrlich gelegenen Adéliepinguinkolonie vorbei, in deren Nähe sich stets Raubmöwen und an den oberen Berghängen nistende Sturmvogelarten aufhalten. Nicht selten lassen sich Seeleoparden beobachten, die vor der Küste patrouillieren oder auf den Eisschollen liegend auf Beute lauern. Zwischen den beiden Anlandungsstellen im Nordwesten und Südosten sind viele Geländeteile nicht zugänglich. Östlich der Bucht liegt der Sunshine-Gletscher mit seiner beeindruckenden Kulisse.

Kreuzfahrer besuchen auch gerne die äußerste Westspitze von Coronation Island. Hier liegt die geschützte Sanford Bay mit einer sehr großen Kolonie von Zügelpinguinen, die von steilen Felsen und Klippen eingerahmt wird. Hier haben auch die windliebenden Kapsturmvögel, Silbersturmvogel und Schneesturmvögel ihr Zuhause.

Mögliche Tierbeobachtungen
Adéliepinguine
Eselspinguine
Zügelpinguine
See-Elefanten
Seeleoparden
Kapsturmvögel
Südliche Riesensturmvögel
Silbersturmvögel
Schneesturmvögel

Anlandungsstellen auf den Südlichen Shetlandinseln

(Quellen der Grafiken und Karten: Antarctic Treaty Secretary, Buenos Aires; Cartomedia Karlsruhe; eigene Karten)

Auf den Südlichen Shetlandinseln bekommen Kreuzfahrer, von Patagonien über die Drake-Straße kommend, einen ersten Eindruck von der Antarktis. Die Südlichen Shetlandinseln sind die größte Inselgruppe der Antarktis und gehören sicher zu den landschaftlich schönsten Regionen im Südlichen Ozean. Tosende Wellen brechen sich an dunklen Klippen, und schroffe Vulkanfelsen wechseln sich ab mit blendend weißen Gletscherflächen, deren Zungen bis ins Meer ragen. Zwischen den 20 großen und kleinen Inseln treiben Eisberge, die es Schiffskapitänen erschweren, die optimale Route oder den passenden Liegeplatz zu finden.

Die Inselgruppe erstreckt sich über 400 Kilometer von Südwesten nach Nordosten zwischen der Drake-Straße und der Bransfield-Straße. Mit einer Höhe von 2 105 Metern streckt sich der Mount Foster als höchster Berg der Inselgruppe aus dem Meer und zeigt seine imposanten steilen Flanken allen Besuchern, die sich der südlich gelegenen Smith-Insel nähern.

Häufig herrschen zwischen der Nordwest- und der Südostküste der Inselgruppe sehr unterschiedliche Wetterbedingungen. Dabei kann es auf der Nordwestseite gute, im Sommer sogar warme Stunden geben, während sich das Wetter im Südosten rau und kalt präsentiert.

Elephant Island

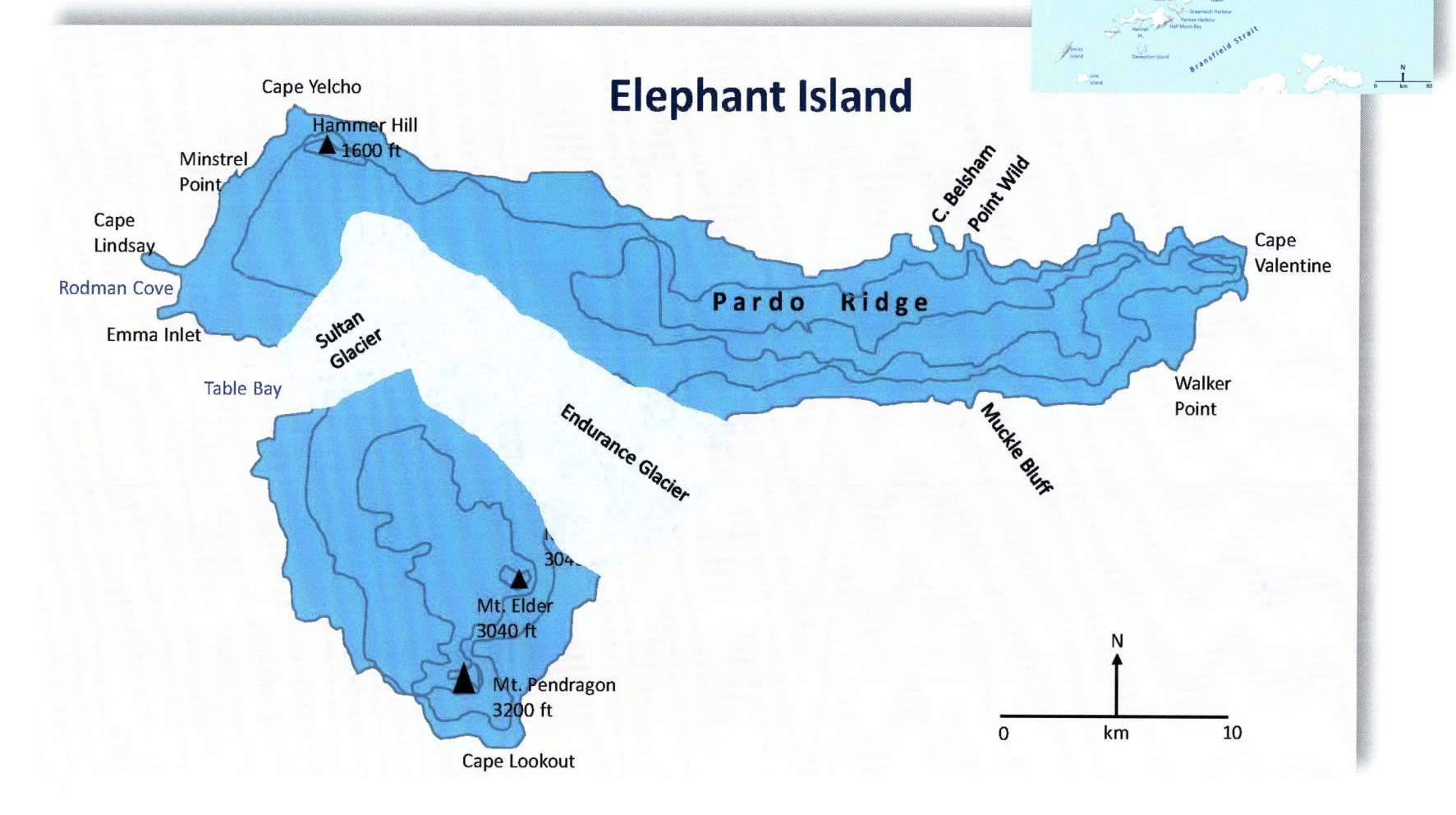

Elephant Island ist 47 Kilometer lang und 27 Kilometer breit. Der östliche Teil der Insel hat die Form eines Elefantenrüssels und streckt sich über gut 20 Kilometer ins Meer. Doch nicht diese Form war ausschlaggebend für den Namen der Insel, vielmehr waren es die unzähligen See-Elefanten, die der britische Walfänger George Powell vorfand, als er 1821 die Insel entdeckte.

Elephant Island ist für viele Kreuzfahrer eines der ersten Ziele, nachdem sie die Drake-Straße

Point Wild: Auf dem nur 70 Meter breiten und 30 Meter tiefen Fels- und Kiesstreifen verbrachten Frank Wild und weitere 21 Mann insgesamt 137 Tage im antarktischen Winter, bevor sie von Shakleton gerettet wurden.

Mögliche Tierbeobachtungen
Eselpinguine
Zügelpinguine
Goldschopfpinguine
Pelzrobben
See-Elefanten
Kapsturmvögel

passiert haben. Die Freude auf einem Landgang wird jedoch oft getrübt, weil die Voraussetzungen für eine Zodiac-Anlandung durch die hohen Wellen, die direkt auf die Küste drücken, selten gegeben sind. Sogar bei südlichen Winden kann die hohe Welle des Südpolarmeeres eine Anlandung verhindern. So bleibt eine spannende Zodiac-Tour entlang der felsigen Küste mit herrlichem Ausblick auf die Gletscher, die westlich und östlich von Point Wild einen eisigen Rahmen bilden. Ihre Zungen schieben sich bis ans Meer. An der Küste haben sich Esels- und Zügelpinguine niedergelassen, dicht gedrängt neben See-Elefanten, die auf den grauen Felsbrocken kauern.

Point Wild (Elephant Island)

Als nördlichste der Südlichen Shetlandinseln wurde Elephant Island 1916 durch die gescheiterte Expedition von Sir Ernest Shackleton und seiner Mannschaft bekannt. Shackleton war mit seinem Schiff ENDURANCE im Weddellmeer unterwegs, als es nach langem Kampf mit dem Pack- und Presseis im Februar 1915 sank. Die Mannschaft blieb körperlich unversehrt und kämpfte sich über viele Wochen mit den Beibooten der ENDURANCE nach Elephant Island durch.

In Point Wild, einem nur 70 Meter langen und 30 Meter breiten Fels- und Kiesstreifen an der windigen Nordküste, strandete die havarierte Mannschaft. Von hier startete Shackleton seinen Rettungsversuch mit dem umgebauten Beiboot JAMES CAIRD und erreichte mit vier Männern seiner Mannschaft nach 14 Tagen stürmischer Fahrt die King Haakon Bay an der Südküste von Südgeorgien, wo er nach 36 Stunden Marsch über die Insel in Stromness die ersehnte Hilfe fand. Am 30.8.1916 konnte Shackleton seine Männer schließlich von dem kleinen chilenischen Dampfschiff Yelcho unter dem Kommando von Luis Pardo retten (vgl. Bd. I, S. 198).

Heute markiert das Denkmal für Luis Pardo den Ort, an dem die Männer über 137 Tage bei widrigsten Bedingungen überlebten. Der Bug der YELCHO steht als Denkmal vor der Marine Station im chilenischen Puerto Williams am Beagle Kanal.

Cape Lookout (Elephant Island)

Eine weitere sehenswerte Landmarke ist Cape Lookout, die südlichste Spitze von Elephant Island. Hier ist die Tierwelt vielfältiger als an der Nordküste, denn viele Pinguine und Robben genießen offensichtlich an diesem Küstenabschnitt die weniger turbulenten Wind- und Wellenbedingungen. Neben Zügelpinguinen und Adéliepinguinen halten sich auch See-Elefanten gern hier auf.

Die enge Zufahrt zur kleinen Anlandungsstelle ist schwierig. Daher lassen sich die Zodiacpiloten nach dem Anlanden gern loben.

Wer die Gelegenheit hat, sollte auf der Rückfahrt mit den Zodiacs noch bei Rowett Island vorbeifahren, um einen Blick auf eine kleine Kolonie von Goldschopfpinguinen zu werfen.

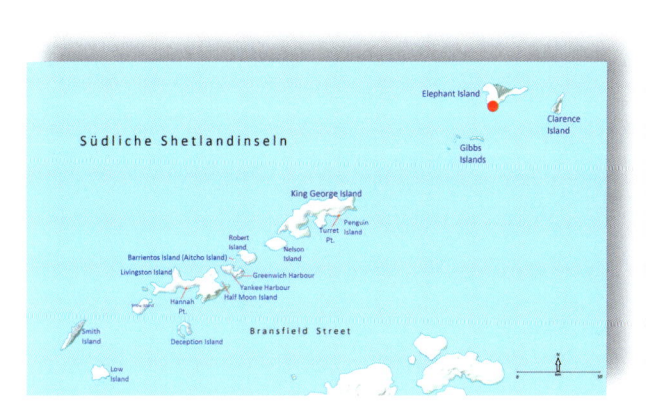

Mögliche Tierbeobachtungen

Eselspinguine
Zügelpinguine
Adéliepinguine
Goldschopfpinguine
Pelzrobben
See Elefanten
Weddellrobben

Penguin Island

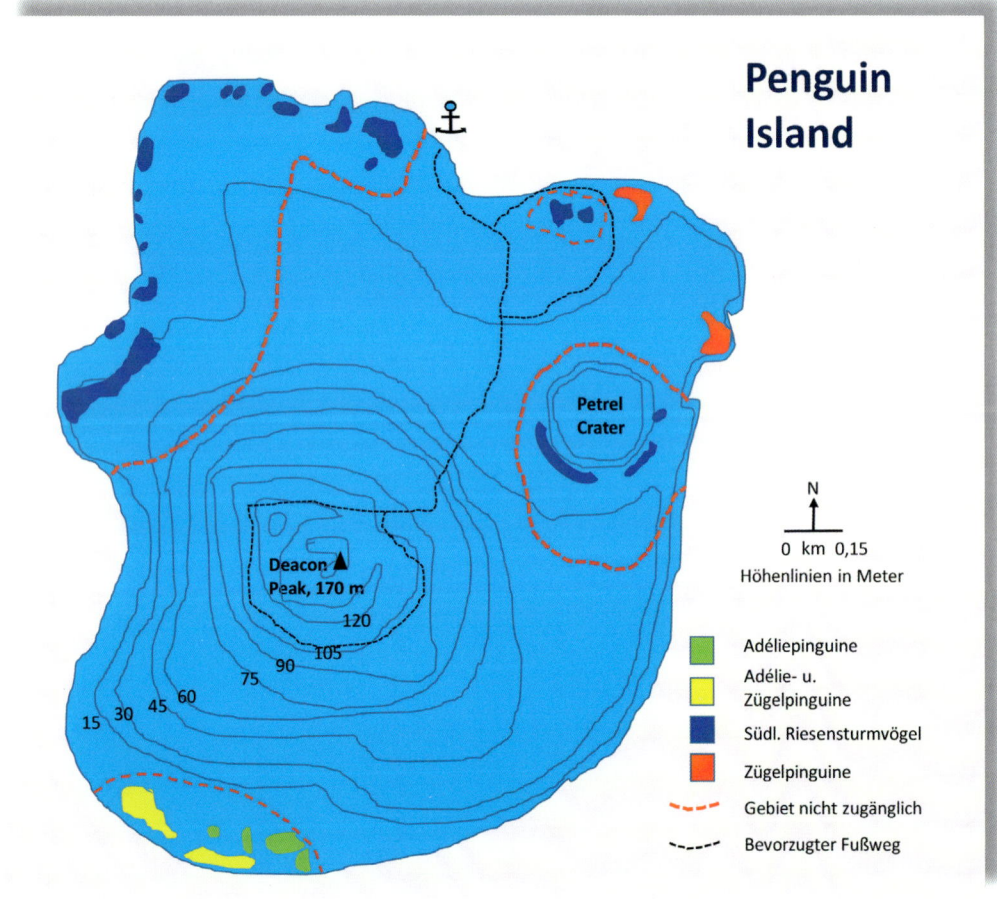

Die kleine, nur knapp zwei Kilometer lange Insel liegt südlich der Landspitze Turret Point im Nordosten von King George Island. Höchster Punkt der Insel ist die Deacon-Spitze mit einer Höhe von 170 Metern. Der Ausblick von hier oben ist jeden Schritt hinauf wert. Das Inselinnere ist, wie viele der Südlichen Shetlandinseln, mit ausgedehnten Moosflächen bedeckt, die ohne eine ausreichende Schneebedeckung nicht betreten werden sollten. Bei geeigneten Bedingungen lohnt sich auch der Besuch des Vulkankegels Petrel Crater im Osten der Insel, der bei einer Tiefe von etwa 75 Meter einen Durchmesser von 350 Meter hat.

Da ein großer Teil der Insel von Klippen eingerahmt wird, gibt es nur wenige Anlandungsstellen. Außerdem dürfen nur Schiffe mit maximal 200 Passagieren Anlandungen vornehmen, und immer nur ein Schiff darf anlegen.

Attraktiv für eine Anlandung ist der nördliche Inselteil, von wo aus Kolonien von Zügelpinguinen und Südlichen Riesensturmvögeln beobachtet werden können. Seeschwalben nisten auf den Cliffs westlich der Anlandungsstelle. Bitte bleiben Sie auf dem bevorzugt gewählten Fußweg und halten den erforderlichen Abstand von 50 Meter zu den brütenden Riesensturmvögeln.

Mögliche Tierbeobachtungen

Adéliepinguine	Raubmöwen
Zügelpinguine	Antarktis-Seeschwalben
Weddellrobben	Buntfuß-Sturmschwalben
See-Elefanten	Riesensturmvögel
Blauaugenkormorane	Scheidenschnäbel
Dominikanermöwen	

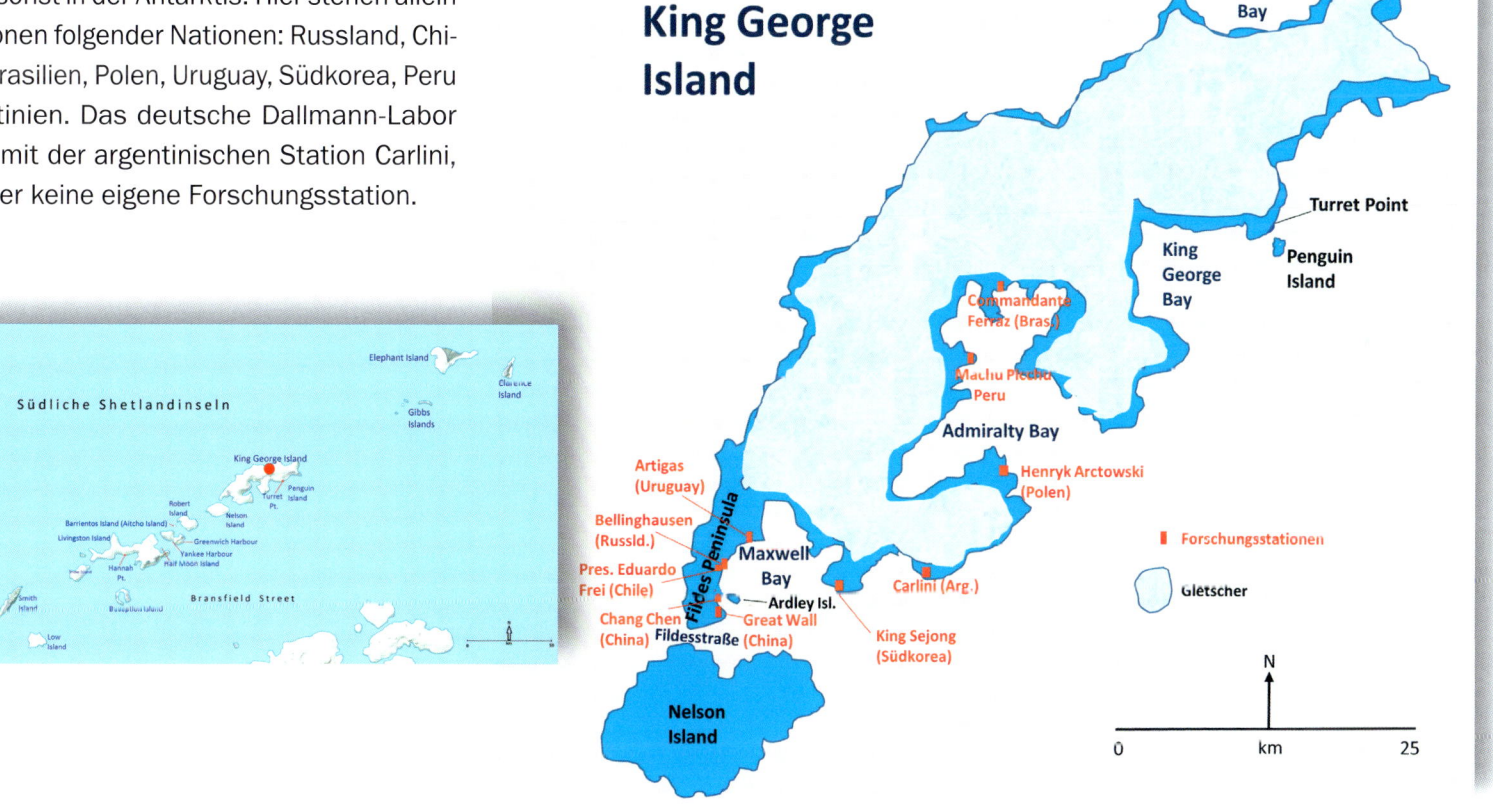

King George Island

King George Island ist die größte Insel der Südlichen Shetlandinseln und hat eine von vielen Buchten umrahmte Küste. Zwischen der Venus Bay und der Fildes-Halbinsel liegen etwa 80 Kilometer, die Insel ist bis zu 30 Kilometer breit. Dazwischen erstreckt sich eine Bergkette mit mehreren Gipfeln und viel Eis, denn der größte Teil des Inselinneren ist mit Gletschern bedeckt. Höchste Erhebung ist der Melville Peak mit 564 Metern. Im südlichen Teil, insbesondere an der Südküste der Maxwell-Bucht, gibt es so viele Forschungsstationen, wie nirgendwo sonst in der Antarktis. Hier stehen allein neun Stationen folgender Nationen: Russland, Chile, China, Brasilien, Polen, Uruguay, Südkorea, Peru und Argentinien. Das deutsche Dallmann-Labor kooperiert mit der argentinischen Station Carlini, betreibt aber keine eigene Forschungsstation.

Zwei Anlandungsstellen werden sehr gern angefahren: Turret Point und das gegenüberliegende Penguin Island. Die geringe Distanz beider Anlandungsstellen nutzen Kreuzfahrer, um von dem dazwischen liegenden Ankerplatz beide Ziele mit den Zodiacs anzufahren.

Forschungsstationen auf King George Island.

Turret Point (King George Island)

Das Gebiet um Turret Point ist einer der wenigen eisfreien Küstenabschnitte von King George Island. Der nächste Gletscher ist jedoch nicht weit. Die meisten Anlandungen finden an der nach Süden offenen Bucht statt, einige an der nach Westen gerichteten. Am südwestlichen Zipfel gibt es mehrere kleine Halbinseln, die sich verschiedene Vogelarten zum Nisten ausgesucht haben. Dazwischen tummeln sich See-Elefanten und Zügelpinguine.

Nahezu von allen Punkten der Anlandungsstellen gibt es einen freien Blick auf die riesige Gletscherzunge, die sich nördlich der westlichen Anlandungsstelle ins Meer schiebt. Wanderungen dorthin sind möglich.

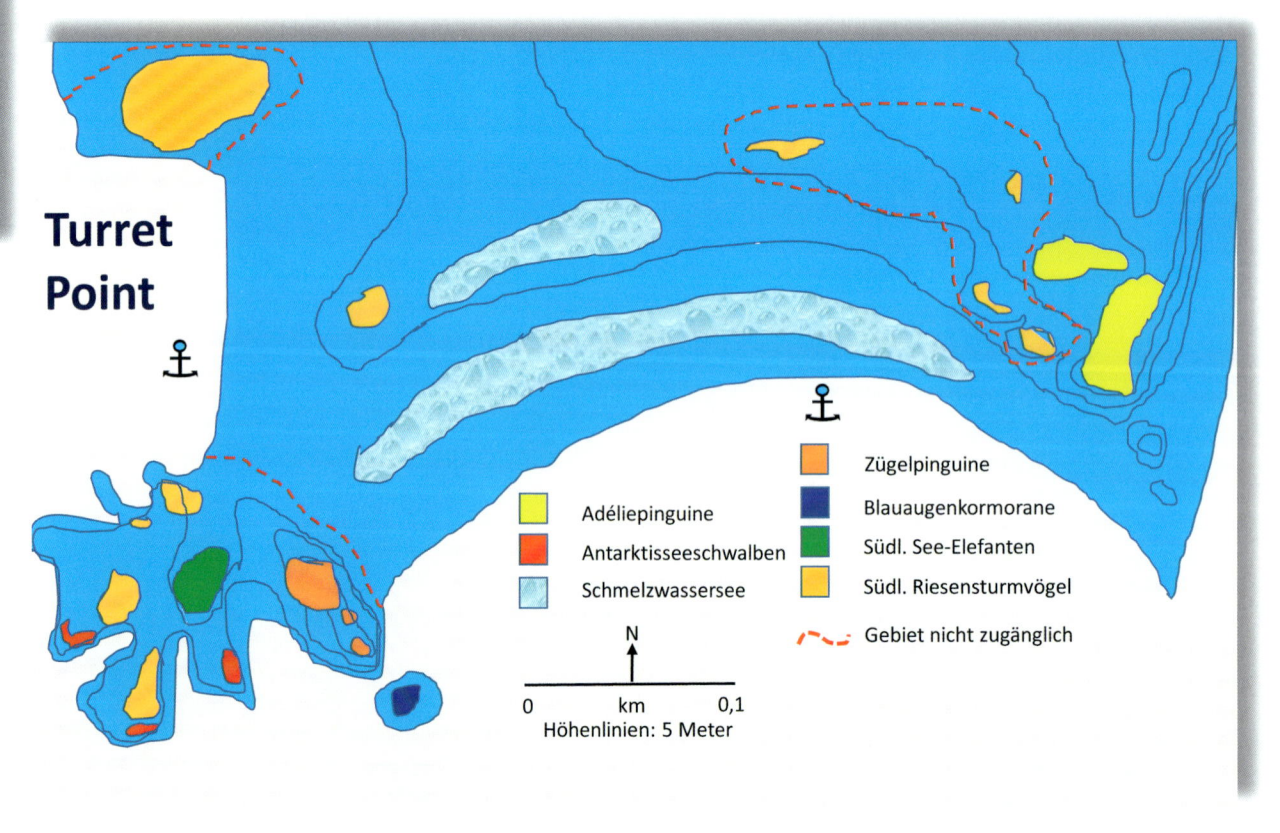

Mögliche Tierbeobachtungen

- Adéliepinguine
- Zügelpinguine
- Pelzrobben
- Weddellrobben
- See-Elefanten
- Dominikanermöwen
- Raubmöwen
- Riesensturmvögel
- Antarktis-Seeschwalben
- Buntfuß-Sturmschwalben
- Blauaugenkormorane
- Scheidenschnäbel

Ardley Island

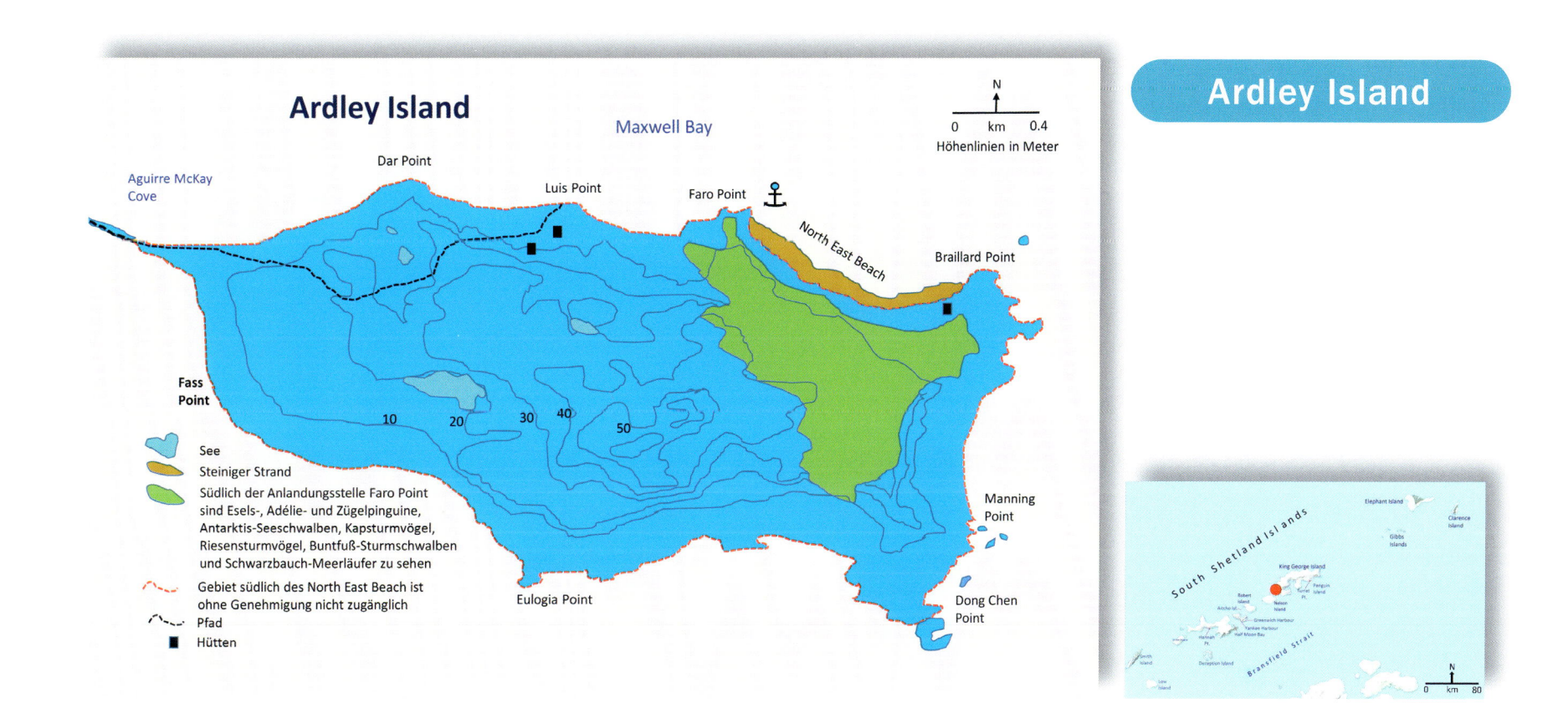

Ardley Island ist eine kleine, nur zwei Kilometer lange Insel, die sich in die Maxwell-Bucht am südlichen Ende von King George Island duckt. Im Westen gibt es einen Isthmus, der die Insel mit dem Festland und den dortigen Stationen verbindet. Kreuzfahrer landen meist an der Nordküste unweit des North East Beach an, wo ein schmaler Landstreifen zur Besichtigung genutzt werden kann. Die gesamte Insel ist eine Antarctic Specially Protected Area (ASPA 150) und steht unter dem besonderen Schutz des Antarktisvertrages. Innerhalb der geschützten Zone sind nur 20 Besucher zur selben Zeit zugelassen und jeweils zehn Besucher bedürfen der Begleitung eines Guides. Die Anlandung auf der Insel ist nur mit besonderer Genehmigung gestattet. Liegt diese nicht vor, beschränkt sich der Besuch auf den North East Beach, der von den Felsen am Faro und Braillard Point begrenzt wird. Bemerkenswert sind hier eine Kolonie von Eselspinguinen mit ca. 4 500 Paaren sowie eine kleinere Zahl von Adélie- und Zügelpinguinen.

Mögliche Tierbeobachtungen

Eselspinguine
Adéliepinguine
Zügelpinguine
Schwarzbauch-Meerläufer
Kapsturmvögel
Südliche Riesensturmvögel
Antarktis-Seeschwalben
Küstenseeschwalben
Schwarzbauch-Sturm-
   schwalben
Dominikanermöwen
Raubmöwen
Pelzrobben
See-Elefanten
Weddellrobben

Antarktis-Seeschwalbe

Barrientos Island

Barrientos Island ist eine kleine, nur 1,5 Kilometer lange Insel zwischen Robert Island und Greenwich Island. Sie gehört zur Gruppe der Aitcho Islands.

Während die Nordküste ihre steilen Klippen gegen die anlaufenden Wellen stemmt, läuft die Südküste in flachen Hängen in Richtung Meer aus. Nahezu das gesamte Inselinnere besteht aus einem üppigen Moosteppich. Dieser darf nach der Schneeschmelze nicht mehr betreten werden, da bei den herrschenden klimatischen Bedingungen die Regenerationsfähigkeit der Natur nur sehr gering ist. In den westlichen und östlichen Küstenabschnitten dominiert schwarzer Sand, der mit größeren Steinen durchsetzt ist.

Die meisten Anlandungen erfolgen von Westen oder, je nach Windrichtung, von Norden oder Süden kommend an die Landenge, die vor allem von drei Pinguinarten belebt wird.

Barrientos Island/Aitcho Islands

- Zügelpinguine
- Eselspinguine
- Zügel- u. Eselspinguine
- Südl. See-Elefanten
- Sturmvögel
- Schmelzwassersee
- Gebiet nicht zugänglich

Mögliche Tierbeobachtungen

Eselspinguine
Zügelpinguine
See-Elefanten
Weddellrobben
Pelzrobben
Blauaugenkormorane
Südliche Riesensturmvogel
Buntfuß-Sturmschwalbe
Antarktis-Seeschwalben
Raubmöwen
Dominikanermöwen
Scheidenschnäbel

Yankee Harbour

Folgende Vorgaben bestehen für den Besuch der Insel: Maximal 100 Besucher dürfen sich zur selben Zeit dort aufhalten, von denen jeweils 20 von einem Guide begleitet werden müssen. Pro Tag dürfen nur Besucher von maximal zwei Schiffen mit weniger als 200 Gästen anlanden. Die primäre Anlandung erfolgt aus östlicher Richtung. Es gibt mehrere gekennzeichnete Closed Areas, die nicht betreten werden dürfen.

An der Südküste des zweiflügeligen Greenwich Island liegt Yankee Harbour in einer geschützten Bucht, abgegrenzt durch einen 800 Meter langen und 90 Grad gebogenen Geröllbogen. Die Zufahrt ist nur den kleineren Schiffen möglich. Am Ende der Nehrung steuern die Schiffe eine Anlandungsstelle an, die an einen steinigen Strand mit mehreren kleinen Kolonien von Eselspinguinen führt. Einige

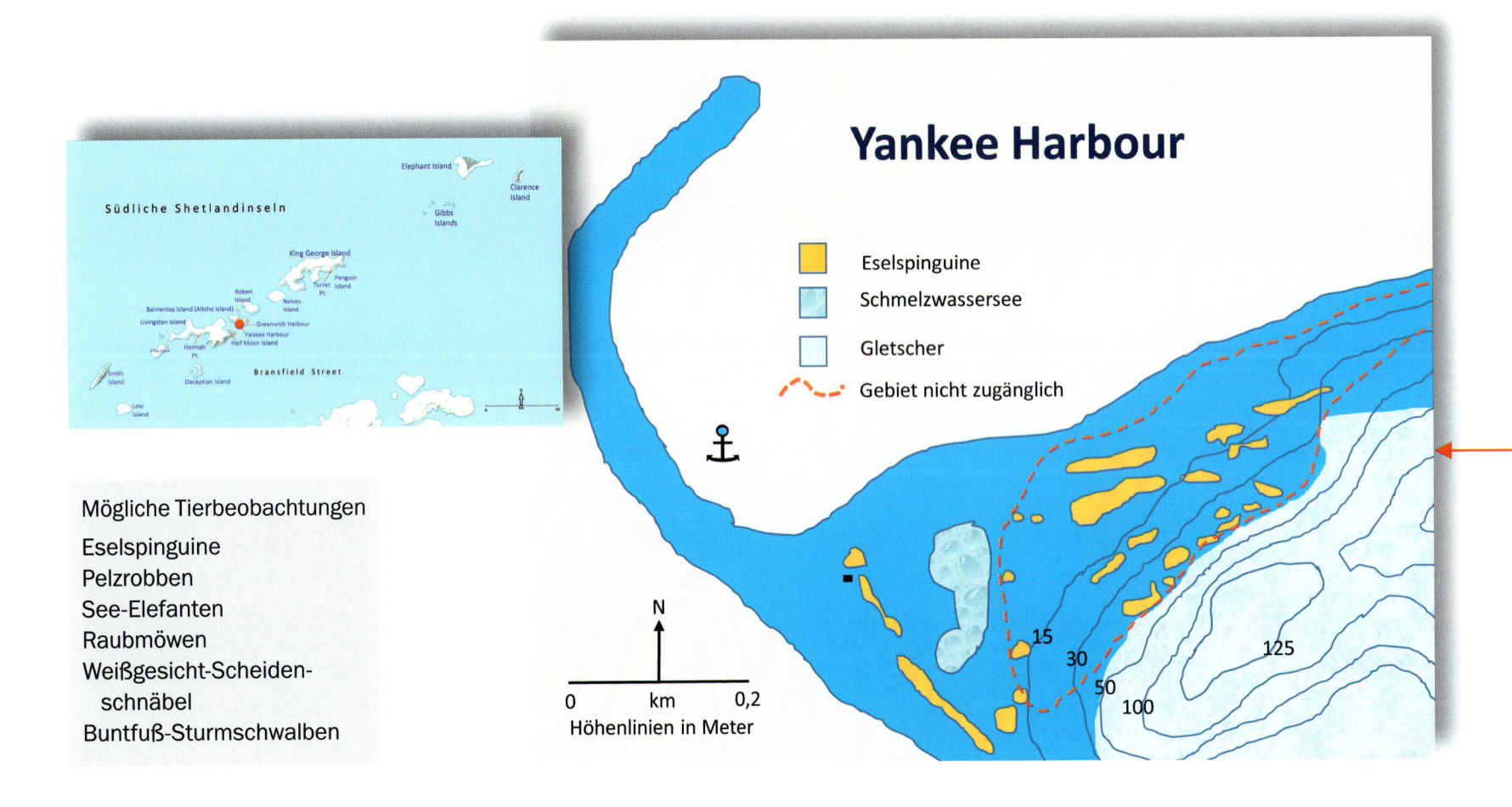

Mögliche Tierbeobachtungen

- Eselspinguine
- Pelzrobben
- See-Elefanten
- Raubmöwen
- Weißgesicht-Scheidenschnäbel
- Buntfuß-Sturmschwalben

Kolonien sind für Kreuzfahrer zugänglich, andere, eher östlich gelegene, befinden sich in einer geschützten Region. Im Hintergrund der Szenerie wird der Blick von einem großen Gletscher gefangen, dessen kalbende Eisbrocken donnernd ins Meer fallen und die Wellen Richtung Anlandungsstelle schicken.

Nur maximal drei Schiffe mit mehr als 200 Personen an Bord dürfen pro Tag anlanden, und jeweils nicht mehr als 100 Personen dürfen gleichzeitig an Land. Eine Anlandung zwischen 22:00 und 4:00 Uhr Ortszeit ist nicht gestattet.

Der Name der Insel passt zu ihrer Form: Ein sichelförmiger felsiger Rahmen umschließt halbkreisförmig eine Bucht. Die Insel ist vulkanischen Ursprungs, jedoch kein in sich versunkener Krater, sondern eine Sichel aus Vulkangestein, die sich gehoben hat. Die so entstandene Bucht, die

Half Moon Island

Half Moon Bay

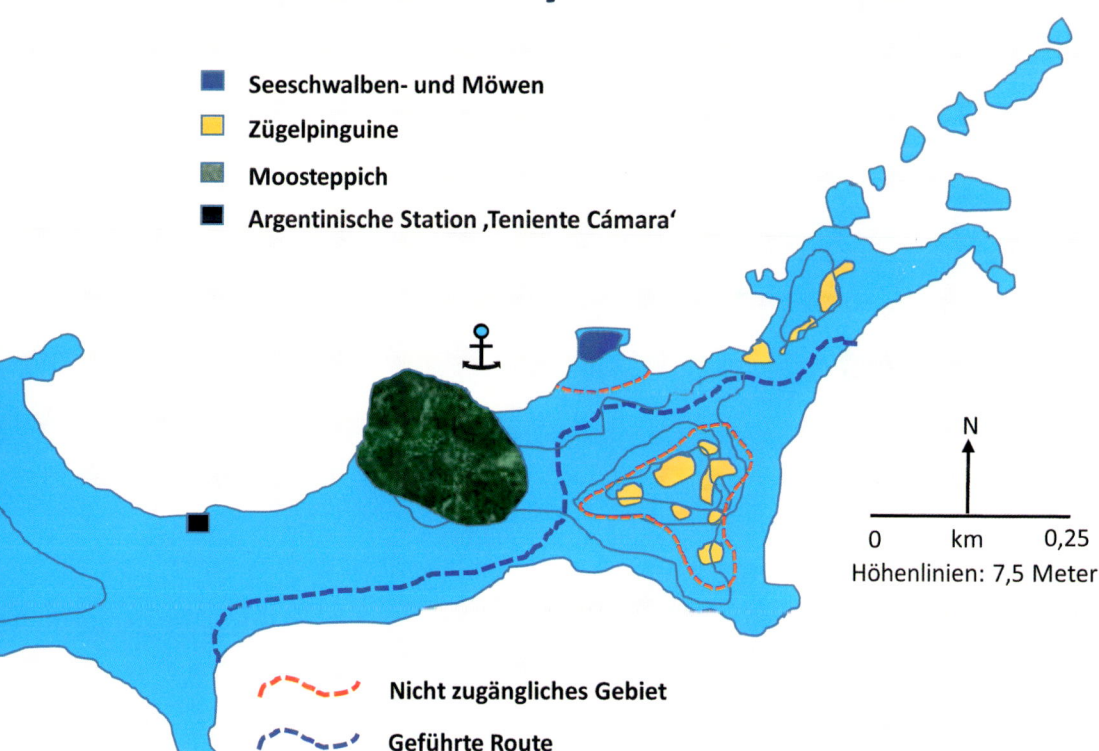

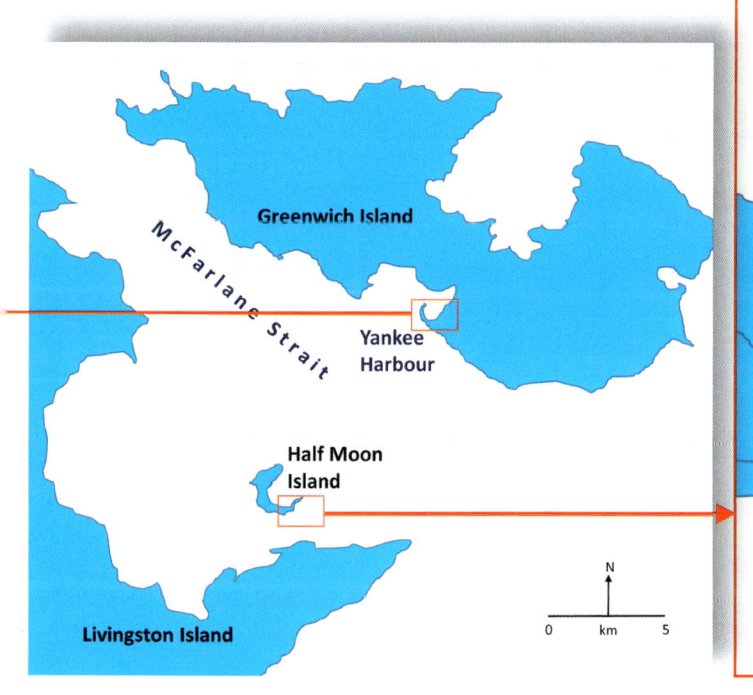

- Seeschwalben- und Möwen
- Zügelpinguine
- Moosteppich
- Argentinische Station ‚Teniente Cámara'

Höhenlinien: 7,5 Meter

- Nicht zugängliches Gebiet
- Geführte Route

Menguante Cove heißt, kann mit kleineren Kreuzfahrtschiffen befahren werden.

Die Insel hat eine Länge von 1,6 Kilometer und liegt in der Moon Bay vor Livingston Island, das wie eine vergletscherte Kulisse der kleinen Insel Rückendeckung gibt.

Die Anlandung erfolgt im südlichen Teil des Halbmondes mit seinen niedrigen, felsigen Hügeln und sanft zur Bucht auslaufenden Küsten. Vor der weißen Wand von Livingston Island garnieren schwarze magmatische Steine die Grate der Hügel. Dort leben Zügelpinguine. Sie rutschen den verschneiten Hang hinunter, um Nahrung zu holen und um sich im Sommer von den oft rotbraunen schlammigen Nistplätzen im Wasser das Federkleid zu reinigen.

Nordöstlich davon endet die Sichel in einem Hang aus Steinblöcken, die nicht selten einen Durchmesser von 150 Zentimeter haben. Gerade diesen Hang haben sich einige Pinguine ausgesucht, um von ihrem Meeresausflug zurück zu ihren Nistplätzen zu gelangen. Die Sprungkraft der Tiere, von einem Stein zum nächsten, ist beeindruckend.

Auf dem kurzen Fußweg nach Süden dösen Weddellrobben, die aus der Distanz wie liegende Hinkelsteine aussehen, und gegenüber, im südwestlichen Teil des Kraters, macht die rote Farbe auf die 1953 gegründete argentinische Station Teniente Cámara aufmerksam. Sie ist bekannt für den Submarino, ein delikates Milchgetränk mit eingetauchtem Schokoriegel. Leider ist die Station nicht regelmäßig besetzt, sodass nur wenige Kreuzfahrer in den Genuss der süßen Köstlichkeit kommen.

Linke Seite oben: Half Moon Bay mit der argentinischen Station Teniente Cámara.

Unten: Zügelpinguin

Rechte Seite oben links: Im Rücken von Half Moon Island erhebt sich die eisige Kulisse von Livingston Island.

Mitte: Ein mühsamer Weg vom Nest zur Nahrung im Meer.

Unten: Ein Tauchgang vor Half Moon Island.

Mögliche Tierbeobachtungen
Zügelpinguine
Pelzrobben
Weddellrobben
See-Elefanten
Buntfuß-Sturmschwalben
Antarktis-Seeschwalben
Scheidenschnäbel
Dominikanermöwen
Raubmöwen
Blauaugenkormorane
Scheidenschnäbel
Blauaugenkormorane
Raubmöwen

Deception Island

Die Insel, deren Name übersetzt Täuschungsinsel heißt, liegt südlich von Livingston Island. Sie hat ein Ausmaß von 10 × 15 Kilometer und ist vulkanischen Ursprungs. Ihr mit Meerwasser gefüllter Krater, Caldera genannt, ist mit kleineren Kreuzfahrtschiffen befahrbar. Vor etwa 10 000 Jahren entstand hier nach einer gewaltigen Explosion ein Vulkan, dessen Gipfel später in sich zusammensank und der Insel die Form gab.

Der Weg ins Innere der Insel führt durch Neptun's Bellows (Neptuns Blasebalg), eine etwa 300 Meter breite Unterbrechung des vulkanischen Ringes um die Caldera.

Deception Island ist eines der am häufigsten angesteuerten Ziele in der Antarktis, weil es sowohl landschaftlich als auch historisch viel zu bieten hat. Nach der Passage von Neptun's Bellows, vorbei an den dominanten Felsen Cathedral Crags und der sicheren Umfahrung der Untiefe mitten in der Einfahrt, liegt an Backbord das Wrack der Southern Hunter, einst ein schottischer Walfänger. Das Wrack ragt unter Wasser so weit hoch, dass die Schiffe vorsichtig zwischen dem Wrack und den nahen Felsen vorbeifahren müssen. Danach öffnet sich der Krater und gibt den Blick frei auf das Innere. Der See, Port Foster genannt, kann bis Anfang Dezember noch zugefroren sein. Kapitäne der eisgängigen Kreuzfahrtschiffe lassen dann ihre Gäste das Eis betreten, nachdem sie den Schiffsbug in die Eisfläche hineingeschoben haben.

Bei der Rückpassage von Neptun's Bellows besteht bei klarer Sicht ein großartiger Blick über die Bransfield-Straße auf die verschneite Antarktische Halbinsel im Südosten.

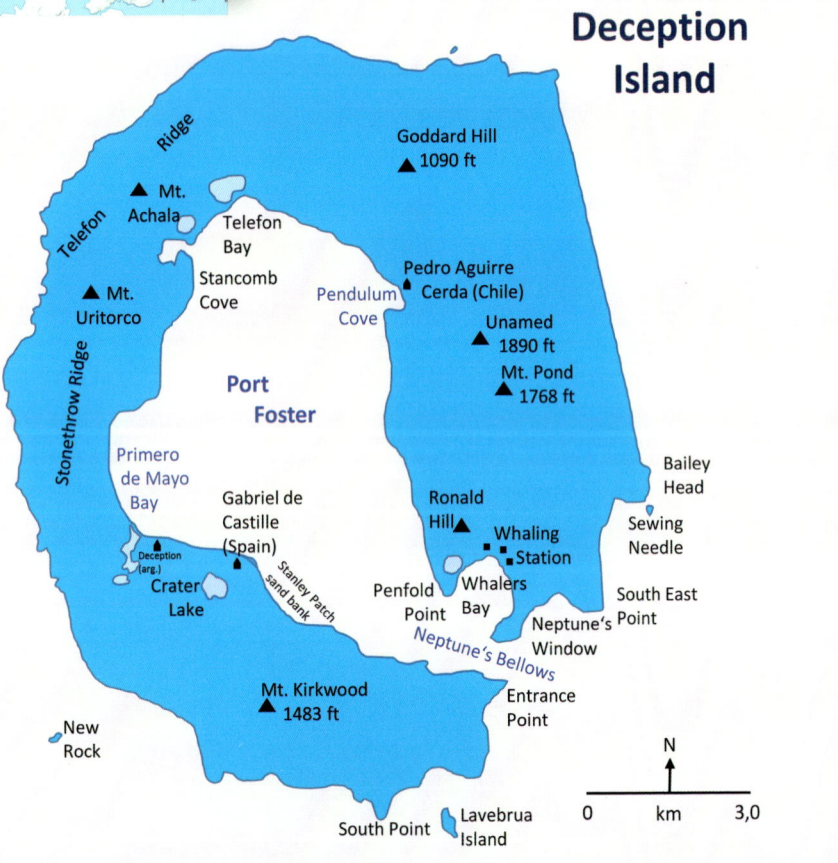

Cathedral Crag, ein Felsen an der nördlichen Seite von Neptuns Bellow, der Einfahrt nach Deception Island.

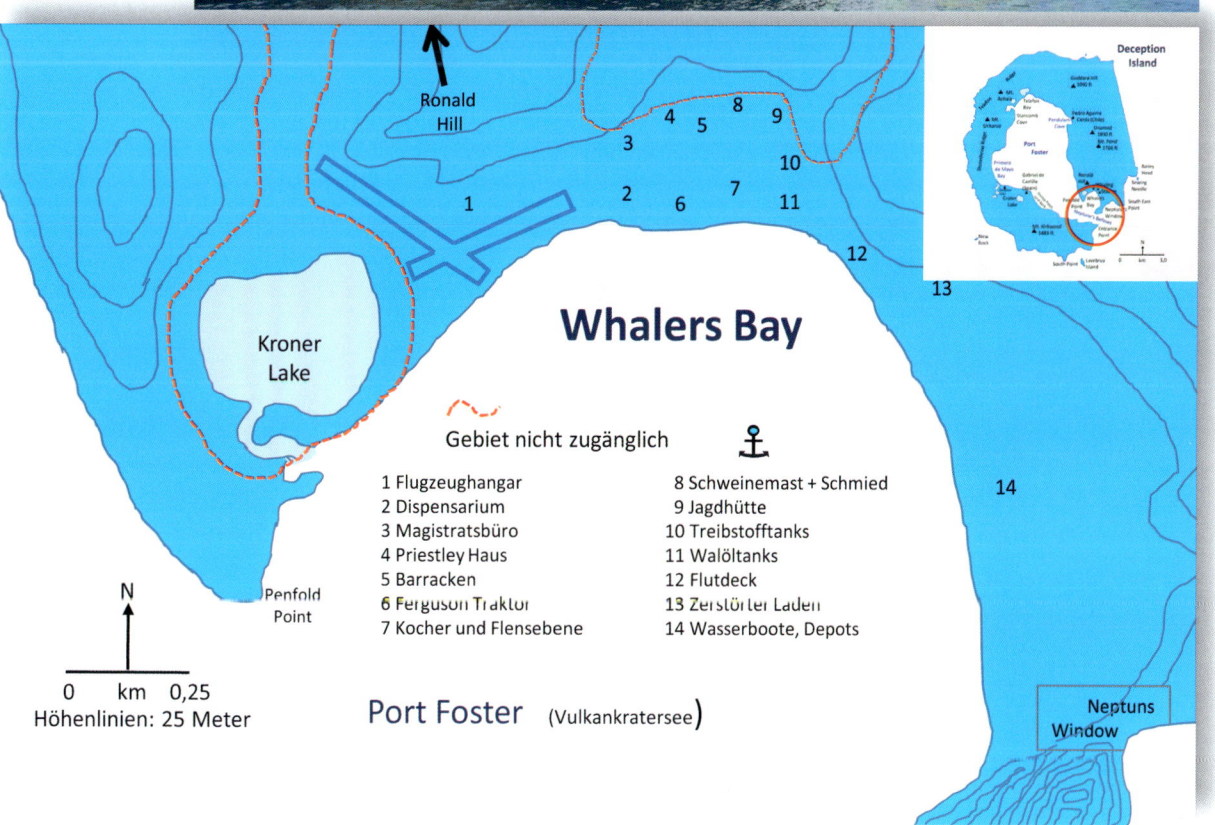

Whalers Bay (Deception Island)

Whalers Bay

Gebiet nicht zugänglich

1 Flugzeughangar
2 Dispensarium
3 Magistratsbüro
4 Priestley Haus
5 Barracken
6 Ferguson Traktor
7 Kocher und Flensebene
8 Schweinemast + Schmied
9 Jagdhütte
10 Treibstofftanks
11 Walöltanks
12 Flutdeck
13 Zerstörter Laden
14 Wasserboote, Depots

0 km 0,25
Höhenlinien: 25 Meter

Port Foster (Vulkankratersee)

Kroner Lake, Ronald Hill, Penfold Point, Neptuns Window

Whalers Bay, Deception Island

Mögliche Tierbeobachtungen

Eselspinguine
Zügelpinguine
Weddellrobben
Pelzrobben
Krabbenfresserrobben
Seeleoparden
Antarktis-Seeschwalben
Buntfuß-Sturmschwalben
Dominikanermöwen

Kurz hinter der Passage von Neptun's Bellows lassen sich bei gutem Licht die rostig-rot leuchtenden Tanks von Whalers Bay mit den Überresten der ehemaligen Walverarbeitungsstation erkennen, die bis 1927 betrieben wurde. Nach einem Vulkanausbruch und einer Unterwasserexplosion waren die Gebäude zerstört. Ein Wiederaufbau fand nicht statt. 1944 wurde an gleicher Stelle von den Engländern eine Forschungsstation der British Antarctic Survey errichtet, die jedoch 1969 ebenfalls einem Vulkanausbruch zum Opfer fiel.

Im Jahr 1928 rückte Deception Island in das Zentrum einer interessierten Öffentlichkeit, als Hubert Wilkens, ein australischer Flugpionier, von hier aus zum ersten erfolgreichen Flug über Antarktika startete. Nach knapp einem halben Tag Flugzeit landete er wieder wohlbehalten auf der verschneiten Piste nordöstlich vom Kroner Lake. Der Hangar, im Westteil der Bucht, ist auch heute noch in einem relativ guten Zustand, während das Wrack der einmotorigen Maschine vom Typ De Havilland Canada bereits 2004 nach England zurückgebracht wurde.

Von der ehemaligen Walfangstation sind nur noch stark beschädigte Gebäude zu sehen. Dennoch lohnt sich ein Besuch, denn die Ruinen liegen in einer von grauschwarzem Lavagestein bedeckten Gletscherlandschaft, die noch im späten Frühling komplett schneebedeckt sein kann.

Direkt am Küstensaum badeten damals die Kreuzfahrer. Dazu hoben sie sich Mulden aus, die sich recht schnell mit Thermalwasser füllten. Heute werden Besucher gebeten, davon abzusehen, doch das hindert einige Gäste nicht, im kalten Wasser von Whalers Bay zu baden.

Lohnenswert ist ein Spaziergang über die mit vulkanischer Asche bedeckten Hänge hinauf zum hinter der Station aufragenden, 103 Meter hohen Ronald Hill, von dem man einen guten Blick über die gesamte Insel hat.

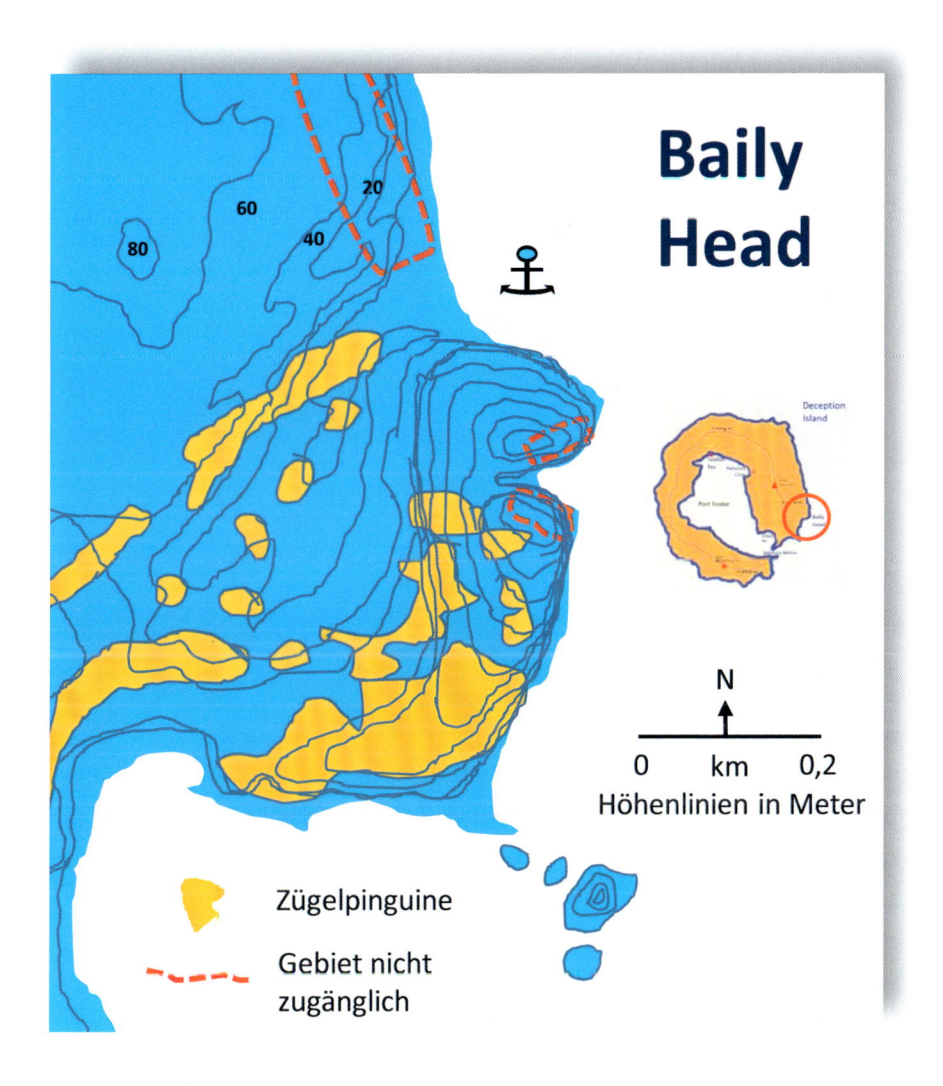

Baily Head (Deception Island)

In Baily Head lebt eine der größten Kolonien von Zügelpinguinen. Hier brüten bis 100 000 Paare.

Anlandungen mit dem Zodiac werden häufig von einer zu starken Brandung verhindert. Aber auch von der See aus betrachtet, bleibt die Szenerie ein großartiges Spektakel. Mit der Gletscherzunge im Rücken und dem engen Tal, das sich steil landeinwärts hochwindet, wirkt Baily Head wie ein riesiges Amphitheater.

Zum Schutz der Tiere dürfen nur maximal 100 Personen gleichzeitig die Insel betreten, pro Tag sind höchstens 350 Besucher und zwei Schiffe zugelassen.

Mögliche Tierbeobachtungen

Zügelpinguine
Pelzrobben
Küstenseeschwalben
Kapsturmvögel
Südliche Riesensturmvögel
Scheidenschnäbel
Raubmöwen

Pendulum Cove (Deception Island)

Im nordöstlichen Teil des Kratersees Port Foster liegt die Anlandungsstelle Pendulum Cove, wo geothermale Quellen mit ihrem schwefeligen Geruch und weißen Fumarolen auf sich aufmerksam machen. Sie zeugen von einer noch immer aktiven vulkanischen Tätigkeit. Nur knapp unter der vulkanischen Erde am Strand ist das Wasser sehr heiß. Im ersten Teil der Anlandungsstelle ist der Uferbereich flach. Erst nach 100 Metern erhebt sich der dunkle Ascheboden und geht über in den Vulkanhügel. Von einem dieser Hügel führt eine Gletscherzunge in Richtung Meer. In der eher tristen Landschaft gibt es keine Tiere, aber das Gefühl, auf einem schlafenden Vulkan zu stehen, erzeugt eine prickelnde Spannung.

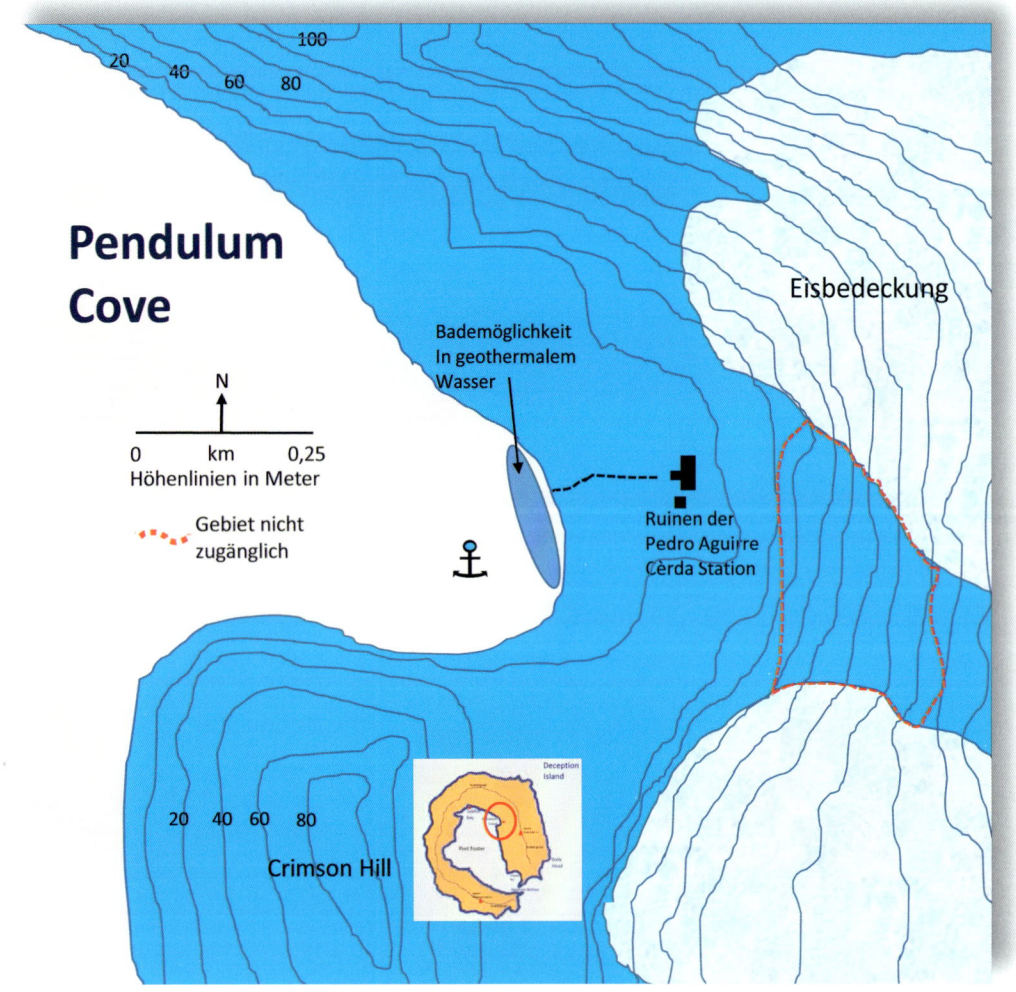

Überreste einer ehemaligen Forschungsstation verlangen schließlich unsere Aufmerksamkeit. Es handelt sich um die 1955 errichtete Chilenische Station Pedro Aguirre Cèrda. Hier wurden bis zur Zerstörung durch zwei Vulkaneruptionen 1967 und 1969 meteorologische und vulkanologische Studien betrieben. Eine verkantet liegende Treppe, Mauerreste, Glassplitter und ein Gestell aus Eisenverstrebungen zeugen von der Vergangenheit. Der bröselige Vulkanascheteppich wirkt bei bedecktem Himmel trist, wie ein Blick direkt vor die Füße offenbart. Doch die Strahlen der Sonne lassen die kleinen Steine, die eben noch kaum auffielen, zu bunten, lebendigen Farbtupfern werden. Plötzlich leuchten orangefarbene Steinchen neben dunkelgelben, rötlichen und braunen auf. Die Asche lebt und zeigt für wenige Momente ihre bunte Seite. Nur für diesen Augenblick hat sich der Weg weit hinein in den Krater gelohnt.

Telefon Bay (Deception Island)

Ein Stopp in Telefon Bay vermittelt einen Eindruck von den vulkanischen Bedingungen. Von der Anlandungsstelle sind vier Krater relativ leicht erreichbar. Zunächst führt der Weg durch ein breites Tal, bis die Steigung kurz vor dem Erreichen des Kraterrandes deutlich zunimmt. Von oben gibt es sowohl einen guten Blick über Deception Island als auch in die Tiefe des kleinen Kraters, dessen Inneres von Eis und Sedimenten gefüllt wird.

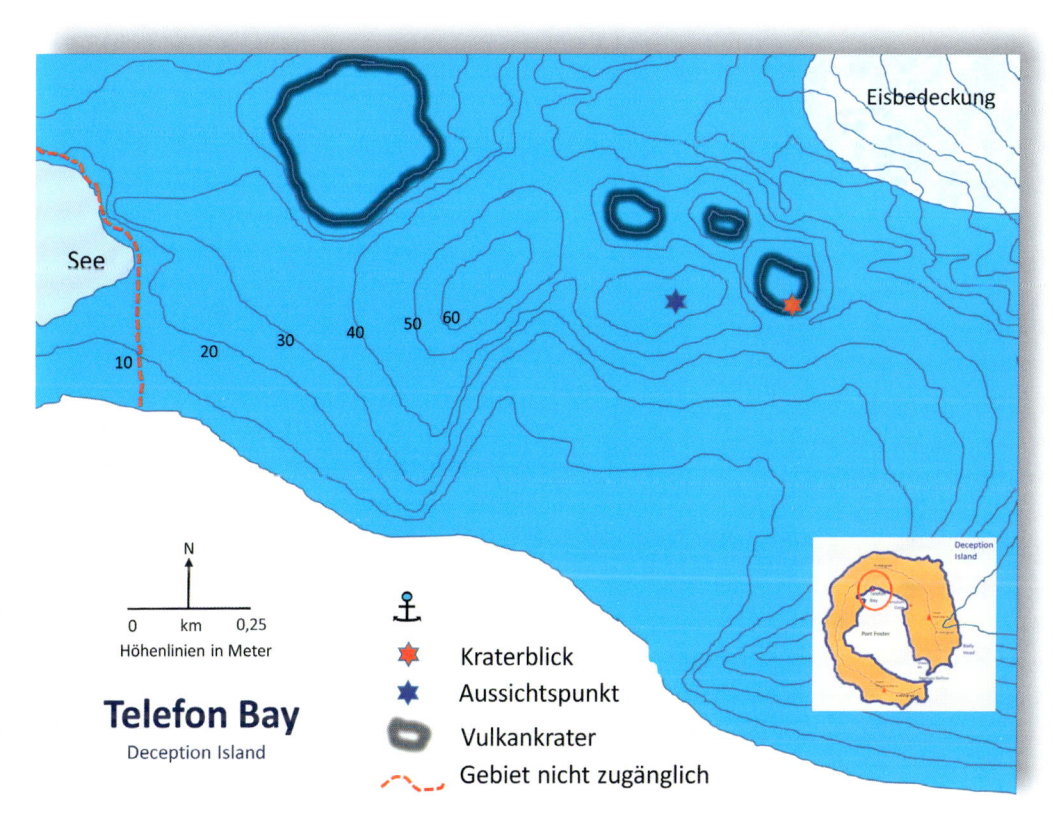

Telefon Bay
Deception Island

- ⚓
- ★ Kraterblick
- ★ Aussichtspunkt
- ⬛ Vulkankrater
- - - Gebiet nicht zugänglich

Höhenlinien in Meter

Telefon Bay

Mögliche Tierbeobachtungen

In dieser unwirtlichen Vulkanlandschaft von Pendulum Cove und Telefon Bay haben sich keine Vögel oder Robben angesiedelt. Die Sichtung vereinzelter Tiere ist nicht auszuschließen.

Hannah Point (Livingston Island)

Mögliche Tierbeobachtungen

Eselspinguine
Goldschopfpinguine
Adéliepinguine
Zügelpinguine
Pelzrobben
See-Elefanten
Riesensturmvögel
Kapsturmvögel
Buntfuß-Sturmschwalben
Antarktis-Seeschwalben
Raubmöwen
Dominikanermöwen
Schwarzbauchmeerläufer
Scheidenschnäbel
Blauaugenkormorane

Gletscher über Gletscher bedecken die zweitgrößte Insel der Südlichen Shetlandinseln. Die atemberaubende Südostküste von Livingston Island wirkt besonders eindrucksvoll bei einer sonnigen Panoramafahrt entlang ihrer strahlendweissen Gletscherhänge.

Auf Livingston Island gibt es nur wenige Anlandungsstellen. Hannah Point liegt an der Südküste der Insel am östlichen Ende der Walker Bay. Wie eine schmale Messerspitze streckt sich die Halbin-

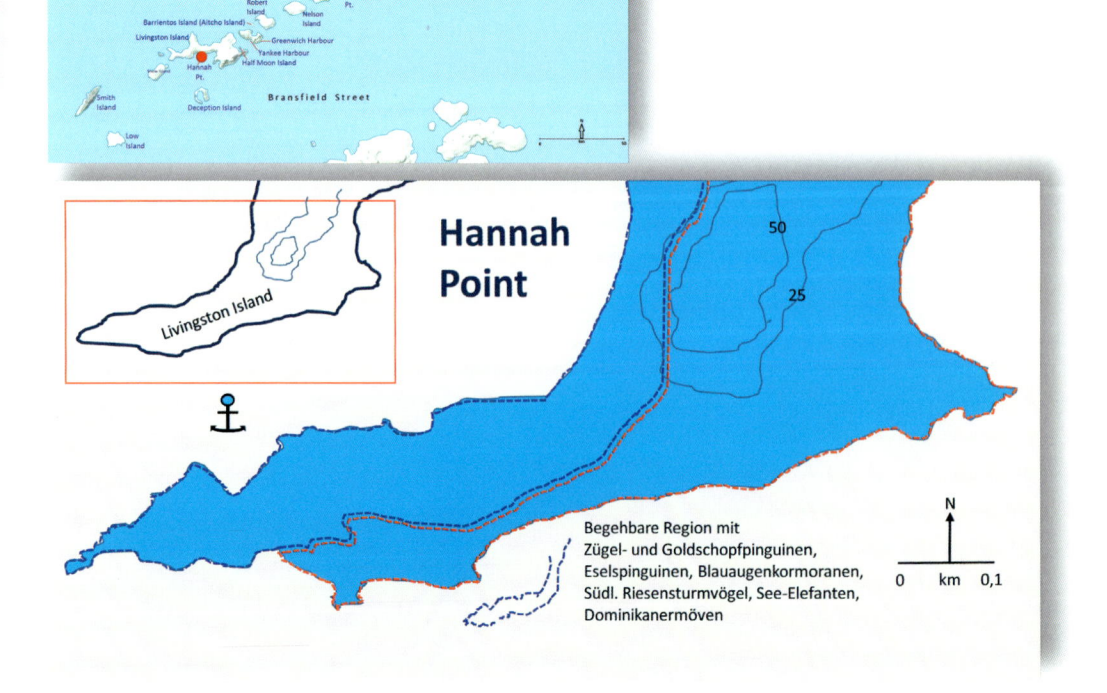

Begehbare Region mit Zügel- und Goldschopfpinguinen, Eselspinguinen, Blauaugenkormoranen, Südl. Riesensturmvögel, See-Elefanten, Dominikanermöven

sel mit ihrem bröseligen Geröll und den scharfkantigen Felsen ins Meer. Auf den von Geröll bedeckten Küstenabschnitten leben viele Zügel-, Eselspinguine und einige wenige Goldschopfpinguine.

Aufgrund der topografischen Gegebenheiten ist der Zugang hier während der Brutzeit nicht gestattet.

Anlandungen sind nur von Schiffen mit maximal 200 Passagieren möglich, und höchstens zwei Schiffe pro Tag dürfen ihre Gäste an Land bringen. Für 20 Besucher ist je ein Guide erforderlich. Am Hannah Point dürfen zwischen 22:00 und 4:00 Uhr Ortszeit keine Anlandungen stattfinden.

Livingston Island

Anlandungsstellen auf der Antarktischen Halbinsel

(Quellen der Grafiken, Karten und Skizzen: Cartomedia Karsruhe, Antarctic Treaty Secretary in Buenos Aires, eigene Karten)

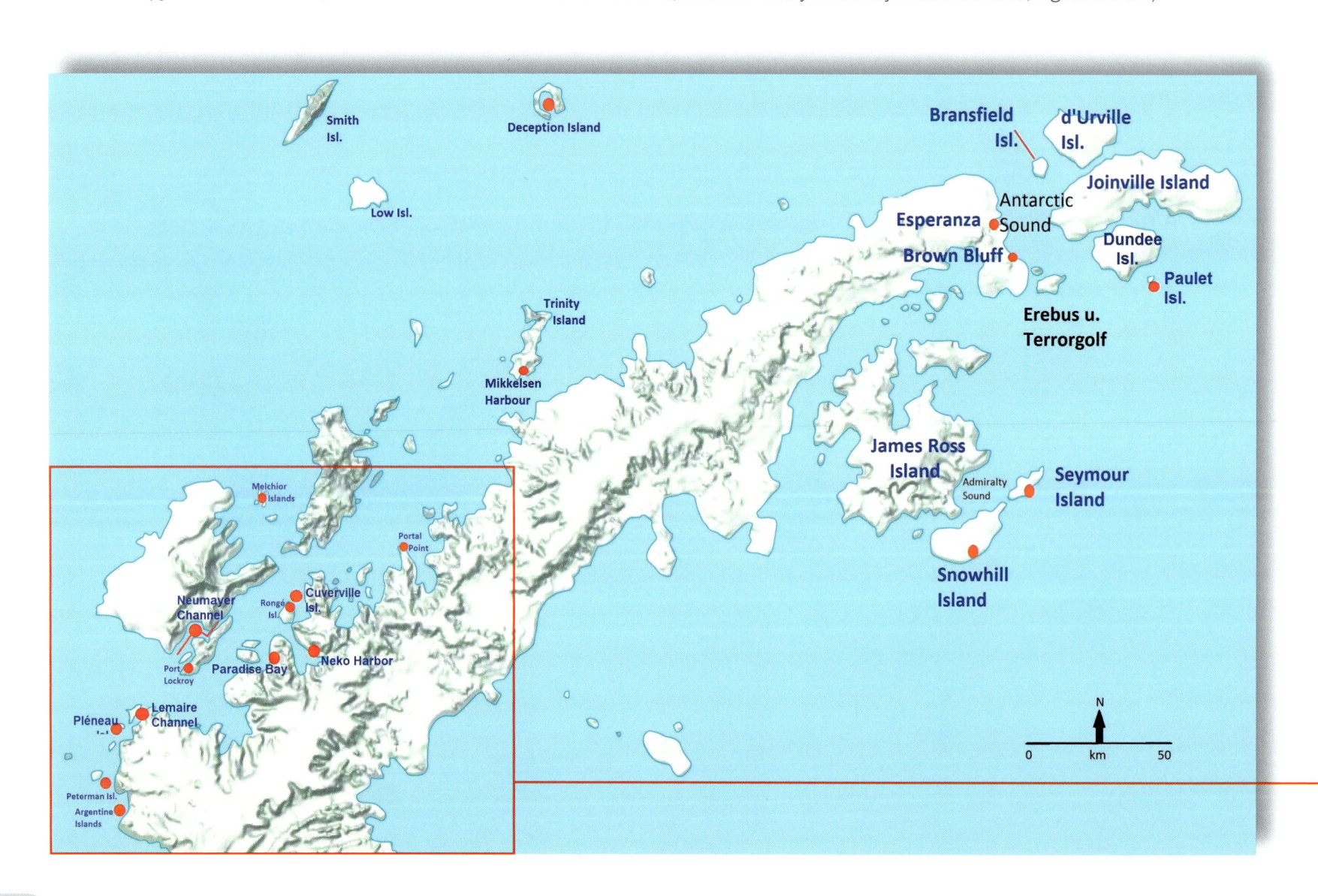

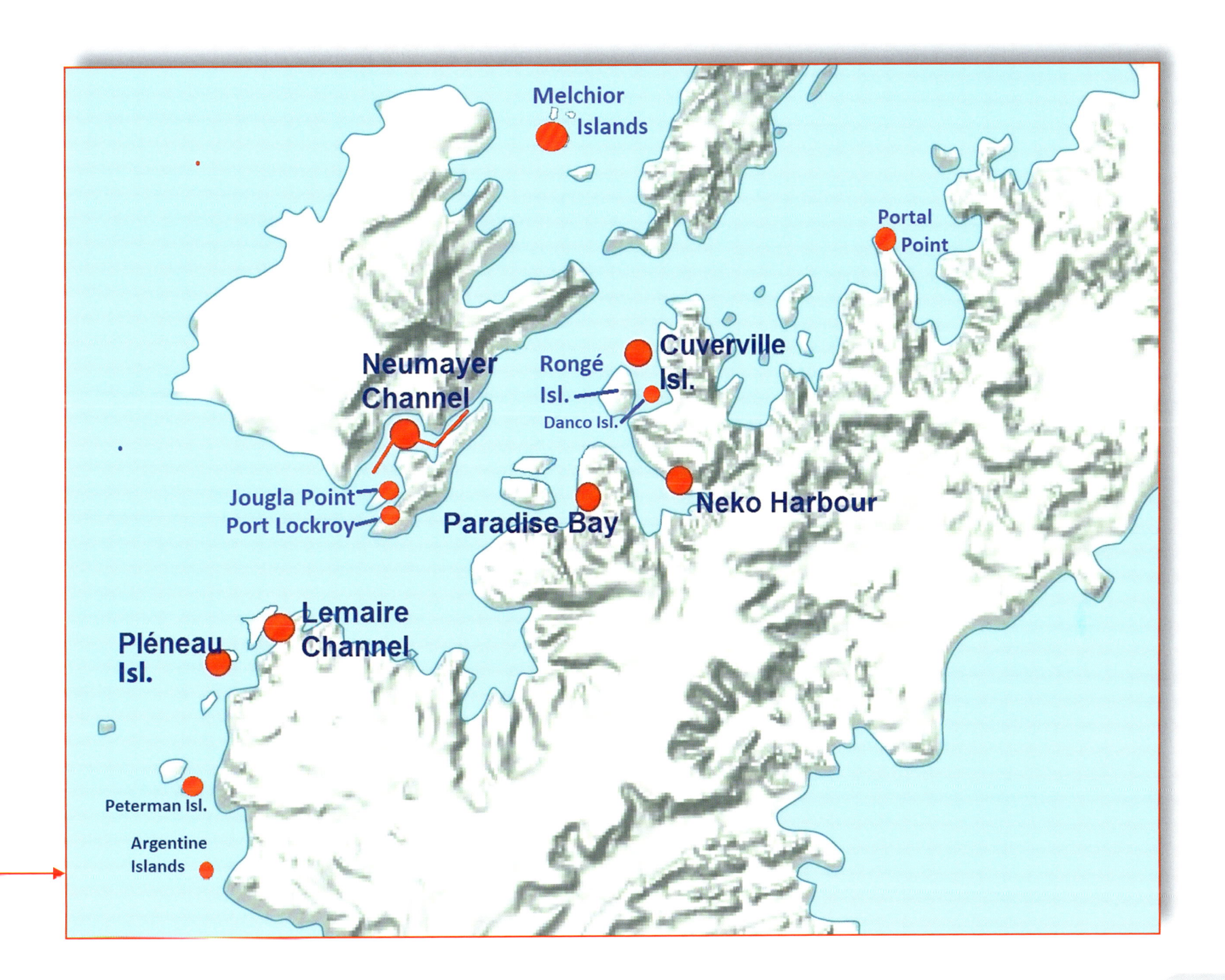

- Melchior Islands
- Portal Point
- Neumayer Channel
- Rongé Isl.
- Cuverville Isl.
- Danco Isl.
- Jougla Point
- Port Lockroy
- Paradise Bay
- Neko Harbour
- Pléneau Isl.
- Lemaire Channel
- Peterman Isl.
- Argentine Islands

Snow Hill Island

Die Insel hat eine Ausdehnung von 31 × 11 Kilometer und liegt südlich des Erebus- und Terrorgolfs im Nordosten der Antarktischen Halbinsel. Durch die rechtsdrehende Strömung in der Weddellsee treiben riesige Tafeleisberge ungehindert auf die Insel zu. Betrachtet man die verschneite und vereiste Insel, ahnt man die Abgeschiedenheit und Lebensfeindlichkeit des Antarktischen Kontinents.

Wegen der treibenden Tafeleisberge wird die Insel von den meisten Kreuzfahrtschiffen nicht angefahren. Denn noch im Dezember kann die Meereiskante unweit vor Snow Hill Island liegen und eine Passage der Schiffe verhindern. Ab Januar ist die Situation meist entspannter, sodass ausgiebige Zodiac-Touren in die Eiswelt der östlichen Insel möglich sind. Von hier aus gibt die Insel ausschließlich ihr weißes Antlitz preis, das für die Namensgebung verantwortlich war. Blickt man von

Westen aus in Richtung James Ross Island über den Admiralty Sound, sieht die Insel vollkommen anders aus. Statt einer Eiswelt sieht man Basaltstein, der sich terrassenförmig von der Küste nach oben aufbaut.

Otto Nordenskjöld wählte 1902 diesen Teil der Insel weit im Nordwesten als Stützpunkt für seine Südpol-Expedition. Zudem stellte er fest, dass es sich bei diesem Stück Land um eine Insel handelt. Die auf einer Warft stehende Holzhütte, gebaut im Februar 1902, wird heute als Museum genutzt. Hier können Originalgegenstände der Nordenskjöld-Expedition besichtigt werden.

Auf Snow Hill Island liegt die nördlichste Kolonie von Kaiserpinguinen, die fußläufig von der Südwestspitze der Insel erreicht werden kann. Sie wurde Mitte der 1990er Jahre entdeckt. Mit etwas Glück kann man vereinzelte Kaiserpinguine auf dem Eis erkennen. Darüber hinaus ist die Artenvielfalt auf der Insel sehr gering. Wer See-Elefanten, Pelzrobben und brütende Pinguine sehen will, sollte andere Anlandungsstellen aufsuchen.

Monochromie aus Weiß und Eis vor der Ostküste von Snow Hill Island.

Mögliche Tierbeobachtungen

Dominikanermöwen
Antipodenseeschwalben
Kaiserpinguine

Seymour Island (Penguin Point)

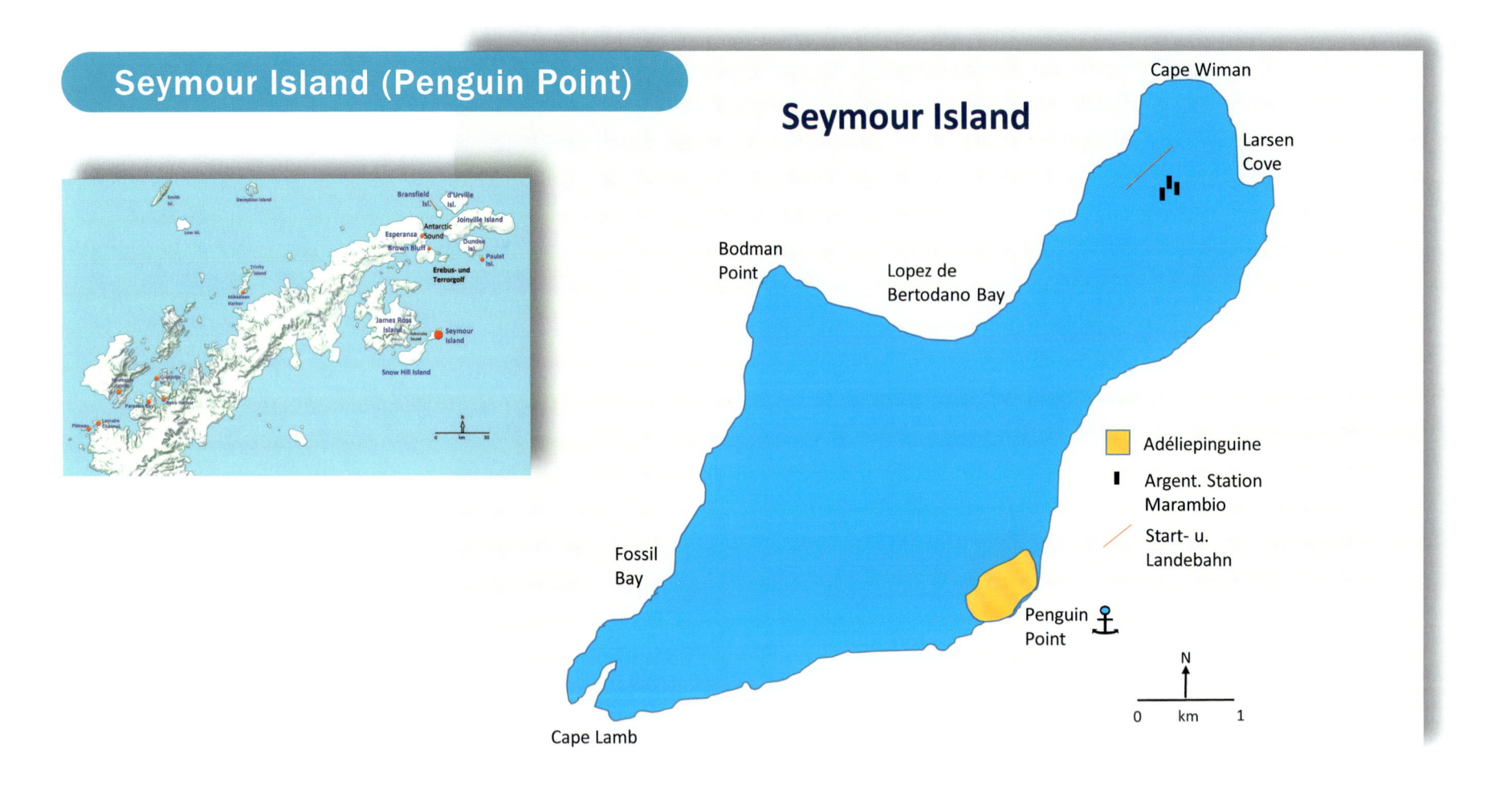

Die 100 Quadratkilometer große Insel liegt am nordwestlichen Rand der Weddellsee und ist nur bei guten Eisbedingungen anzufahren. Oft treiben riesige Tafeleisberge im Erebus- und Terrorgolf und verhindern das Betreten. Als Anlandungsstelle eignet sich Penguin Point im südöstlichen Teil der Insel, wo sich eine Kolonie von etwa 40 000 Adéliepinguinen befindet. Sie haben ihre Steinnester in kleinen Teilkolonien auf dem grauen Felsgestein verteilt.

Noch heute finden Forscher hier fossile Überreste von Pinguinen, die deutlich größer gewesen sein müssen, als alle heute bekannten Arten. Man schätzt ihre Größe auf 1,70 Meter bei einem Gewicht von 130 Kilogramm.

Im Nordosten von Seymour Island liegt die argentinische Station Vicecomodoro Marambio, deren Forscher sich der Untersuchung des Polarlichts, der kosmischen Strahlung und der Überwachung des Ozongehalts der Stratosphäre widmen. In Stationsnähe befindet sich auch eine auf felsigem Grund gebaute Landebahn für Flugzeuge.

Die Adéliepinguine auf Seymour Island leben in kleinen Gruppen auf Warften zum Schutz vor dem Schmelzwasser des Frühlings.

Mögliche Tierbeobachtungen

Adéliepinguine
Buntfuß-Sturmschwalben
Antipodenseeschwalben
Raubmöwen
Dominikanermöwen

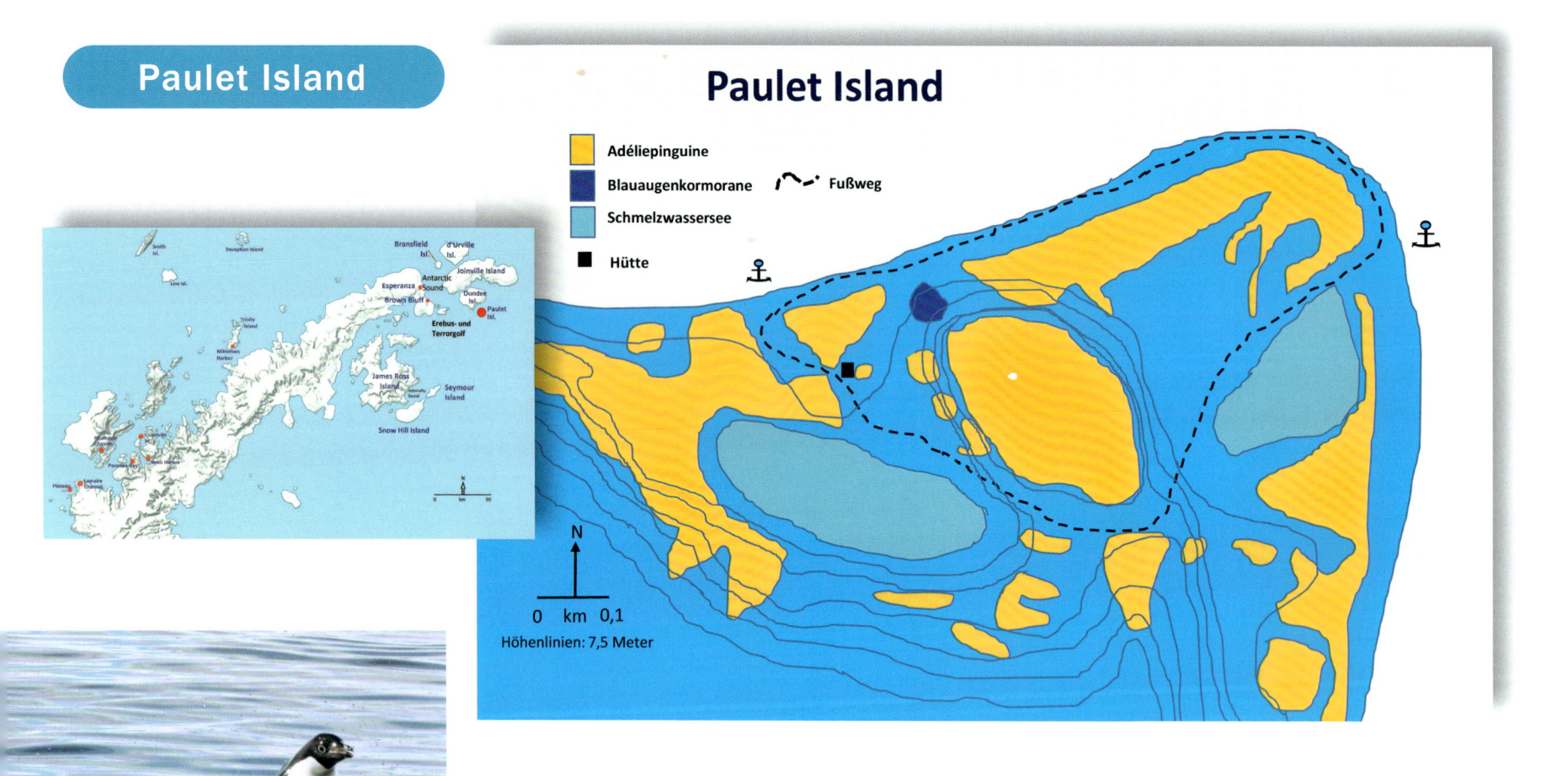

Paulet Island

Paulet Island

- Adéliepinguine
- Blauaugenkormorane
- Schmelzwassersee
- Hütte
- Fußweg

N
0 km 0,1
Höhenlinien: 7,5 Meter

Paulet Island liegt am nordöstlichen Ende der Antarktischen Halbinsel östlich von Dundee Island. Die fast runde Insel mit einem Durchmesser von etwa zwei Kilometer wird von einem 353 Meter hohen Vulkan überragt, dessen Kratersee im Sommer eine kräftig grüne Farbe hat. Paulet ist die kleinste Insel der Joinville Inseln, die den Antarctic Sound östlich begrenzen. Zu diesem Archipel gehören auch die Inseln Dundee, Île Joinville, Île d'Urville und Bransfield Island.

Kreuzfahrer steuern Paulet Island vor allem wegen der Adéliepinguine an, die hier in der größten Kolonie der Antarktis leben. Schätzungen gehen von 100 000 Brutpaaren aus. Im Dezember, wenn die Temperaturen noch einige Grade kühler sind als im Januar, ist ein Besuch der Kolonie noch relativ unbeeinträchtigt von der doch zuweilen intensiven Geruchsbildung. Im Januar und Februar kann der Gestank schon eine Herausforderung sein.

Die Anlandungsstellen liegen im Norden und Nordosten der Insel. Anlandungen werden häufig durch treibende Tafeleisberge verhindert. Insbesondere bei Südostwind haben die Schiffe kaum eine Chance, weil die zahlreichen, in der Weddellsee geborenen Eiskolosse auf die Inseln zutreiben. Adéliepinguine sind von beiden Anlandungsstellen gut zu besichtigen. Über die nördliche Anlandungsstelle hat man einen schnelleren Zugang zur Kolonie der Blauaugenkormorane. Wunderschön ist auch ein kleiner Rundweg, der von beiden Stellen erreichbar ist und den besten Überblick über die Insel gibt. Der Weg führt an zwei Schmelzwasserseen vorbei zu einer 20 × 7 Meter großen Hütte. Sie wurde von Carl Anton Larsen und seinen 20 Männern gebaut, nachdem ihr Schiff, die ANTARCTICA, 1903 gesunken war und sie sich auf Paulet Island retten konnten.

Mögliche Tierbeobachtungen

Adéliepinguine
Seeleoparden
Blauaugenkormorane
Scheidenschnäbel
Dominikanermöwen
Raubmöwen
Schneesturmvögel

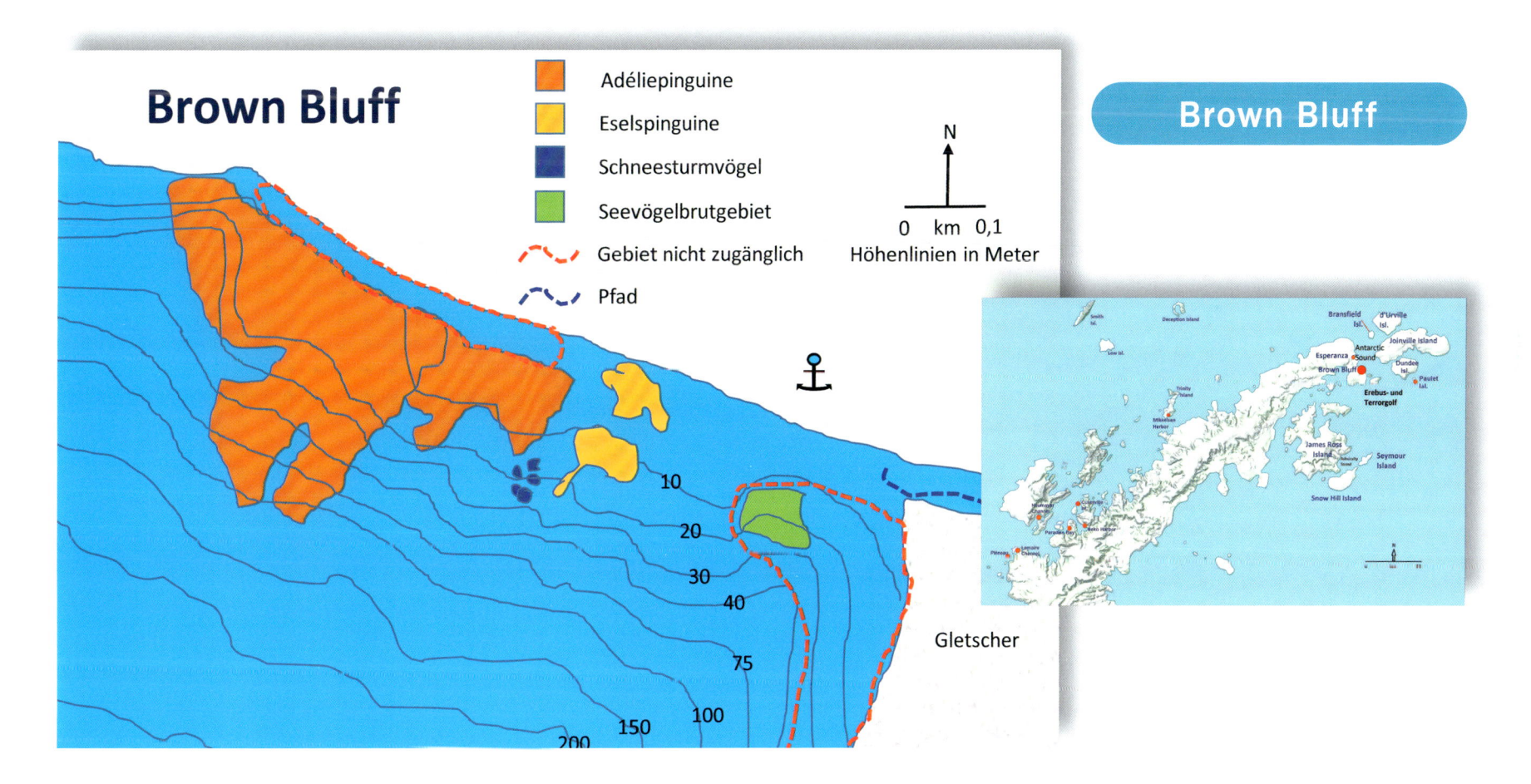

Brown Bluff

- Adéliepinguine
- Eselspinguine
- Schneesturmvögel
- Seevögelbrutgebiet
- Gebiet nicht zugänglich
- Pfad

0 km 0,1
Höhenlinien in Meter

Gletscher

Der imposante Vulkanfelsen Brown Bluff ist an diesem Dezembermorgen von Treibeis belagert.

Mögliche Tierbeobachtungen

Eselspinguine
Adéliepinguine
Weddellrobben
Buntfuß-Sturmschwalbe
Riesensturmvögel
Schneesturmvögel
Kapsturmvögel
Dominikanermöwen
Raubmöwen

Die Anlandungsstelle mit den steilen, fast 750 Meter hohen, rötlichbraunen Klippen hinter dem Strand aus Kiesel- und Vulkangestein gehört zu den 20 meistbesuchten Orten der Antarktis. Imposant hebt sich die Steinmasse mit der weißen Gletscherkappe aus dem Meer. Links und rechts des Felsens an der östlichen Tabarin-Halbinsel fallen Gletscher tief hinunter bis auf Meereshöhe.

Hier haben Kreuzfahrer die Gelegenheit, Adéliepinguine zu sehen. Sie sind gegenüber den Eselspinguinen deutlich in der Überzahl. Etwa 10 000 Adélie- und 300 bis 400 Eselspinguine leben auf dem schmalen Streifen unterhalb des Geröllhanges.

Für die Tiere ist es an diesem spektakulären Felsen nicht ungefährlich, denn es gibt immer wieder Steinschlag, wenn im beginnenden Sommer die wärmende Nordsonne das Eis am Geröllhang taut.

Am Strand herrscht stets reges Treiben. Gruppen von 15 oder 20 Pinguinen flanieren ständig in Ufernähe hin und her, bis sich endlich eines der Tiere traut, ins Wasser zu gehen.

Anlandungen sind zwischen 04:00 und 22:00 Uhr Ortszeit möglich, wobei nicht mehr als 100 Personen gleichzeitig an Land gehen dürfen, begleitet von einem Guide für je 20 Personen. Nur maximal drei Schiffe dürfen hier pro Tag anlegen.

Oben: Adéliepinguine an der Strandpromenade von Brown Bluff. Wenn sich der erste Pinguin ins Wasser traut, laufen alle anderen hinterher.

Unten: Die von Schiffen so gefürchteten Growler wurden am kieseligen Strand angespült und schmelzen vor sich hin.

Antarctic Sound

Morgenstimmung im Antarctic Sound.

Der prächtige, von Gletschern und Buchten gesäumte Sund liegt an der nordwestlichen Spitze der Antarktischen Halbinsel. Er trennt Joinville, d´Urville und Dundee Island vom antarktischen Festland und verbindet die Drake-Straße mit dem Erebus- und Terrorgolf. Begrenzt durch vergletscherte Landmassen ist der Antarctic Sound 55 Kilometer lang und zwischen 12 und 22 Kilometer breit: eine Gänsehautlandschaft. Seinen Namen hat der Sund vom Schiff des norwegischen Kapitäns Carl Anton Larsen, der unter der Leitung von Otto Nordenskjöld während einer Expedition den Sund erstmalig befuhr.

Im Antarctic Sound haben Kreuzfahrer sehr gute Chancen, imposante Tafeleisberge zu sehen. Die Weddellsee, deren Wasser sich im Uhrzeigersinn drehen, treibt hier riesige Eisbrocken entlang. Als höchste sichtbare Erhebung beherrscht der 520 Meter hohe Mount Flora den Blick auf das Nordostende der Antarktischen Halbinsel. Für viele Kreuzfahrer ist das der erste Blick auf antarktisches Festland. Am Fuß des Berges liegt Hope

Quelle: www.meteomanz.com

Monatliche Durchschnittstemperaturen und -niederschläge für den Antarctic Sound (Esperanza Station 2019–2021)

	Jan	Feb	Mär	Apr	Mai	Jun	Jul	Aug	Sep	Okt	Nov	Dez
Durchschittstemperatur nach Monat [C°]	1,5	1,3	-1,1	-3,4	-4,9	-7,9	-9,9	-11,4	-5,9	-4,0	1,1	2,2
Durchschn. Niederschlag nach Monat [mm]	34,5	31,2	36,4	34,9	18,0	21,1	28,4	39,6	25,2	25,6	11,0	19,9

Bay mit der Station Esperanza, eine der größten Forschungsstationen in der Antarktis. Sie bietet Raum für etwa 50 Bewohner. Hier gibt es sogar eine Kapelle, ein Krankenhaus und einen Radiosender. Die Station wird häufig von Kreuzfahrtschiffen angefahren, solange sich keine katabatischen Winde vom Festland in Richtung Meer austoben.

Das Gebiet um die Kolonien von Adélie- und Eselspinguinen unweit der Station ist als Antarctic Specially Protected Area gekennzeichnet und für Touristen nicht begehbar. Vom Zodiac aus hat man jedoch eine ausreichend gute Sicht auf die beeindruckende Szenerie.

In einer Bucht des Antarctic Sound, in der Hope Bay, liegt eine der größten Forschungsstationen der Antarktis: die argentinische Station Esperanza. Hier wurden im Februar 2020 mit knapp unter 20 °C. außergewöhnlich hohe Temperaturen gemessen

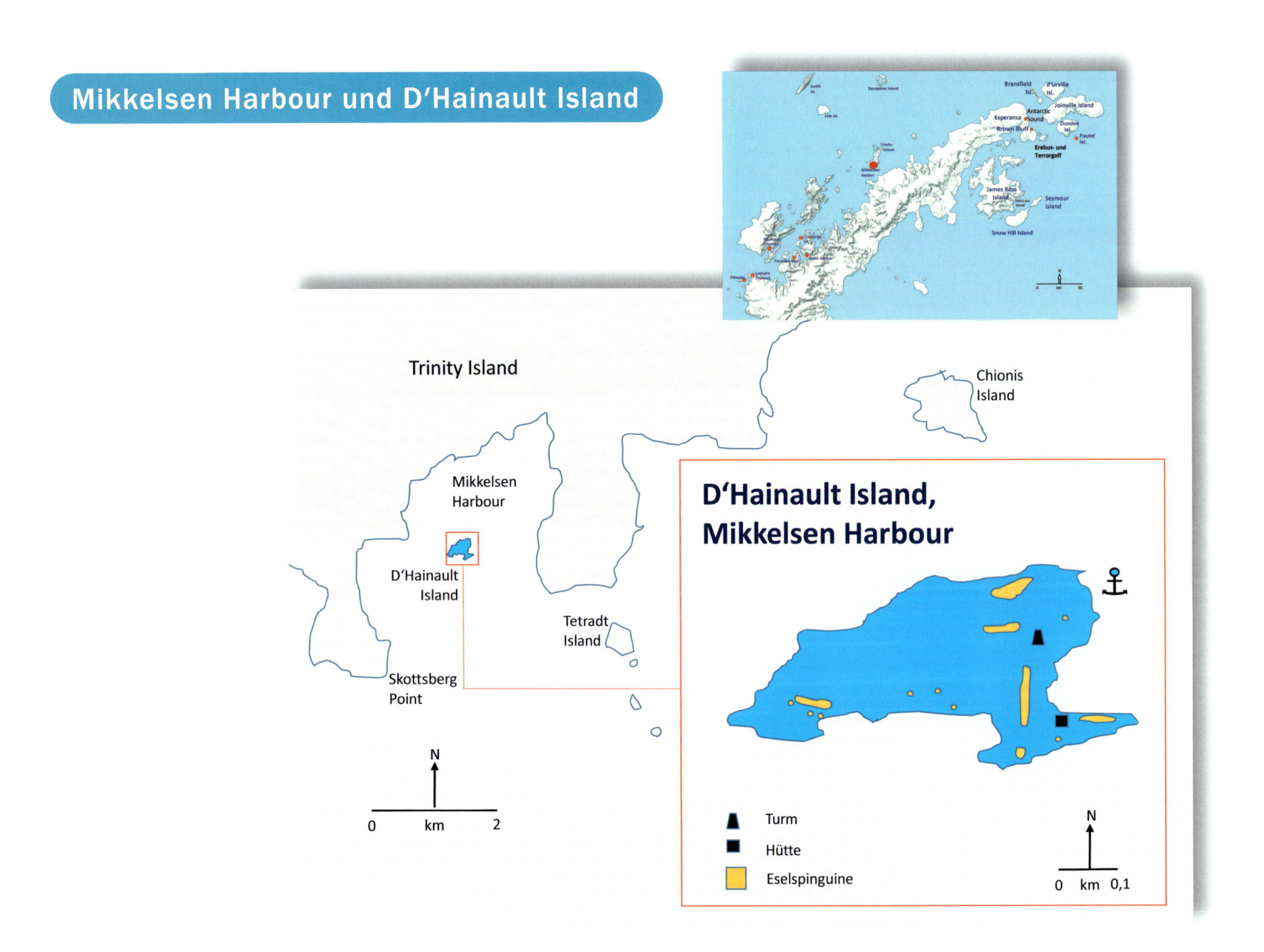

Mikkelsen Harbour und D'Hainault Island

D'Hainault Island, Mikkelsen Harbour

- ▲ Turm
- ■ Hütte
- ▮ Eselspinguine

Krabbenfresserrobbe

Am Südende von Trinity Island liegt die geschützte Bucht Mikkelsen Harbour, in der sich die kleine Insel D'Hainault Island mit einer Anlandungsstelle befindet. Die Insel ist meist, auch im Spätsommer, von Eis umgeben. An Land ist der Winterschnee bereits ab Mitte Dezember geschmolzen, sodass die Eselspinguine die kleinen Steine, die die Insel bedecken, zum Bau ihrer Nester nutzen können.

Die Reste eines Funkmastes am höchsten Punkt der Insel sowie eine kleine rotbraune Hütte auf einer Landzunge zeugen von früheren Forschungstätigkeiten. Entdeckt wurde Mikkelsen Harbour während der Nordenskjöld-Expedition von 1901–1904 (vgl. Bd. I, S. 192). Jean-Baptiste Charcot kartierte die Insel erstmalig während der französischen Antarktis-Expedition 1908–1910.

Mögliche Tierbeobachtungen
Eselspinguine
Krabbenfresserrobben
Pelzrobben
Weddellrobben
Seeleoparden
Weißgesicht-Scheidenschnäbel
Dominikanermöwen
Antarktis-Seeschwalbe

Portal Point

Portal Point liegt auf einer winzigen Landzunge an der malerischen Nordwestküste der Antarktischen Halbinsel gegenüber von Brabant Island. Am Portal Point mündet eine der schönsten Buchten rund um die Gerlachstraße: Charlotte Bay. Eine Fahrt hinein in die Bucht führt an steilen Felsklippen vorbei, die sich mit weißglänzenden Schneehängen und schroffen Eisklippen von den bis an die Meereskante ragenden Gletscherzungen abwechseln. Nicht selten ist der Fjord mit den Eisbergen der Gletscher bedeckt, sodass die Zufahrt auch für eisgängige Schiffe erschwert oder verhindert wird.

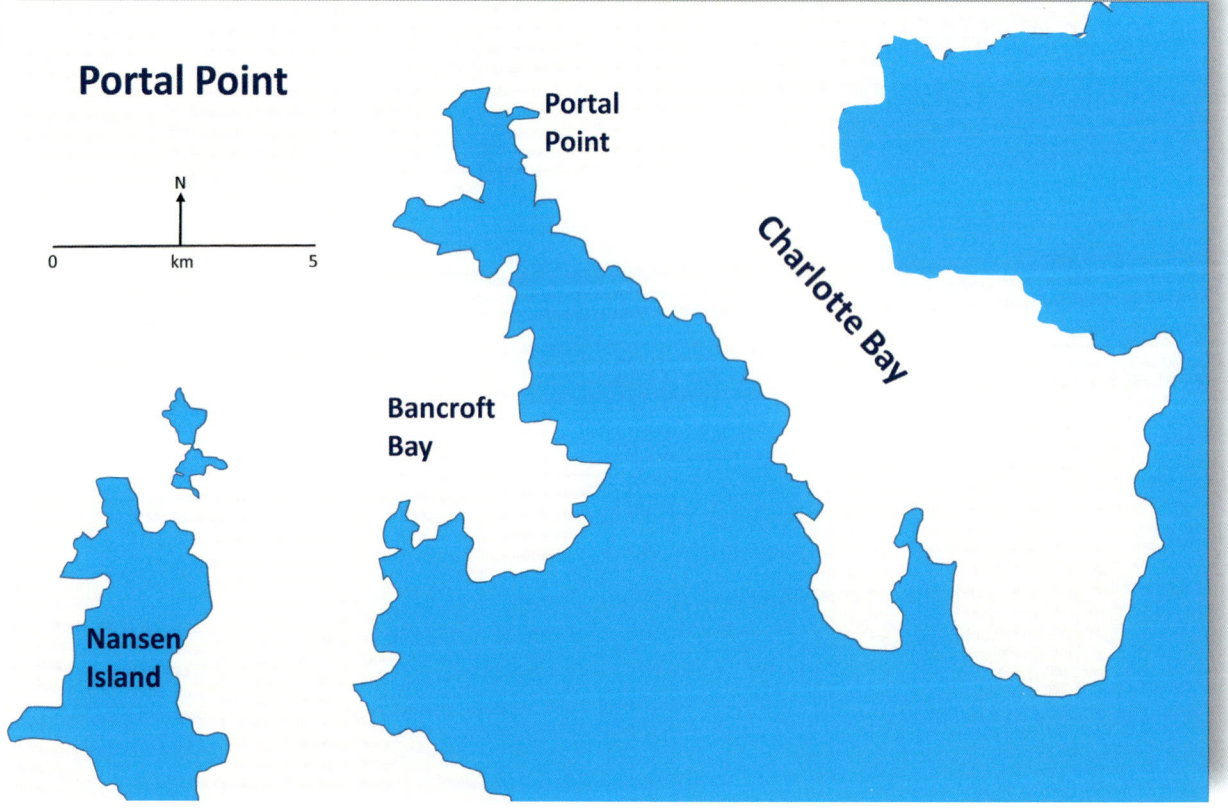

Mögliche Tierbeobachtungen

Eselspinguine
Weddellrobben
Blauaugenkormorane
Dominikanermöwen
Raubmöwen
Südliche Riesensturmvögel

Morgens um 4:00 Uhr in der Gerlachstraße vor der Küste von Brabant Island.

Melchior Islands

Zwischen den beiden großen Inseln Brabant und Anvers Island, die beide zum Palmer-Archipel gehören, liegen die kleinen, aber attraktiven Melchior-Inseln. Die vier größten, benannt nach dem griechischen Alphabet, heißen Eta, Gamma, Lambda und Omega und sind durch einen Sund voneinander getrennt. Über ihn nähern sich die Kreuzfahrtschiffe, um in einer der kleinen Buchten zu ankern. Die Entdeckung der Inseln wird dem deutschen Walfänger Eduard Dallmann zugeschrieben

Mit den Zodiacs erkunden die Gäste die atemberaubende Schönheit der Gletscherwelt, denn die Inseln sind nahezu vollständig von Eis und Schnee bedeckt. Am 2. Februar 2003, während

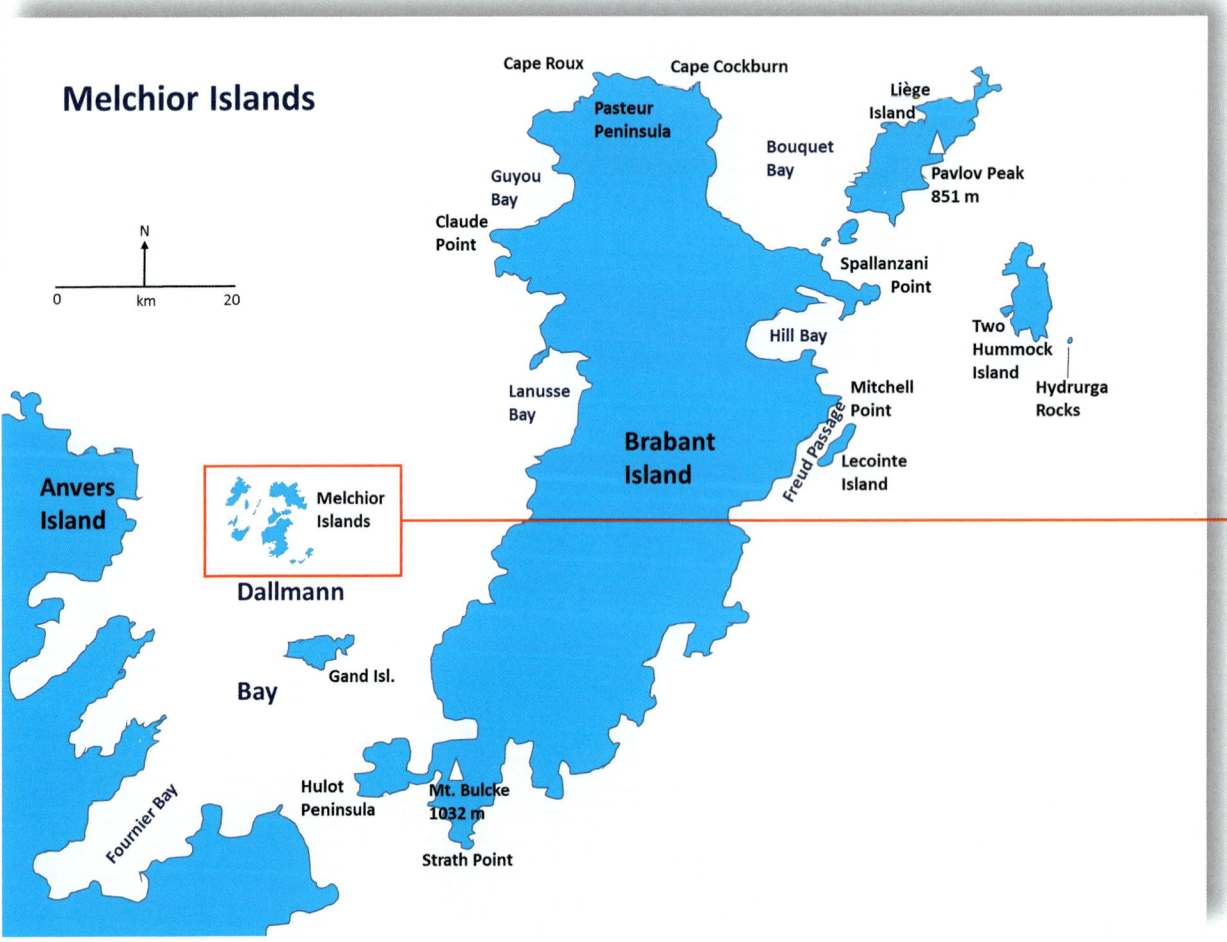

Mögliche Tierbeobachtungen

Weddellrobben
Krabbenfresserrobben
Buckelwale

einer Zodiac-Tour nördlich der Omega-Insel, der größten Insel des Archipels, entdeckten die Crew und die Passagiere des Kreuzfahrtschiffes MS Bremen, dass der nördliche Inselteil durch einen Kanal vom südlichen Teil getrennt ist. Dieser neu entdeckte Kanal und der nördliche Teil der Insel heißen seitdem Bremen-Kanal und Bremen-Insel. Letztere ist etwa einen Quadratkilometer groß und zu 95 Prozent mit Eis bedeckt.

Mit etwas Glück sieht man während der Fahrt entlang der Küste Buckelwale, die hier häufig sind. Es gibt bei einer Reise in die Antarktis kaum etwas Aufregenderes, als vom Zodiac aus einen Wal neben sich auftauchen zu sehen.

Melchior Islands

Kurz vor der Einfahrt in die Drake Street bieten die nahezu komplett vergletscherten Melchior-Inseln einen letzten Blick auf antarktisches Eis.

Cuverville Island

Am Nordausgang des Errera-Kanals zwischen Rongé Island und der Halbinsel Arctowski liegt auf einer Fläche von 2 × 2,5 Kilometer Cuverville Island. Nahezu zwei Drittel der Fläche ist permanent mit Eis bedeckt. Bis auf wenige flache Strandabschnitte reichen die steilen Hänge des Felsendoms bis an die Küste. Es ist ratsam, den 252 Meter hohen Felsendom auf Cuverville in Begleitung eines Guides zu erklimmen. Im Frühjahr ist der Berg noch recht einfach zu besteigen, mit zunehmenden Tagestemperaturen und nächtlichen Frösten vereist die Schneeoberfläche und der Weg wird beschwerlicher. Wer den anstrengenden Aufstieg geschafft hat, wird mit einem grandiosen Blick auf die umliegenden Berge und den Errera-Kanal belohnt. Vor allem der Blick auf die vergletscherten Osthänge von Rongé Island ist beeindruckend.

Gelegentlich kann man vor der Insel Eisberge beobachten, die auf Grund gelaufen sind und dann langsam in der Sonne schmelzen.

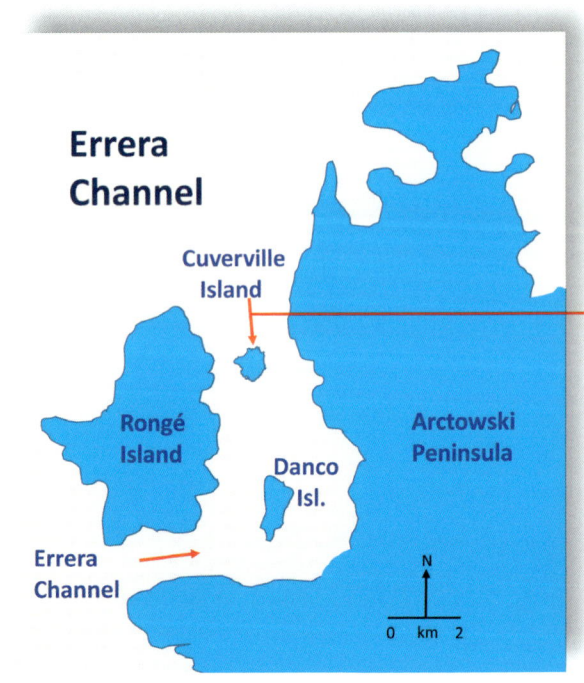

Die Kuppel von Cuverville Island und der vergletscherte Osthang von Rongé Island.

Die häufigste Anlandungsstelle liegt im Norden von Cuverville Island, wo es eine sehr große Eselspinguinkolonie gibt. Schätzungen gehen von 5 000 Brutpaaren aus. Bei dieser Menge an Tieren kann es in der Zeit der Mauser am Strand sehr eng werden, sodass auf eine Anlandung verzichtet werden sollte. Der Strand ist steinig und verläuft in einem leichten Bogen von etwa 1,5 Kilometer. Am Rand der Kolonie und an den Hängen nisten viele verschiedene Vogelarten. Hier kann man mitunter auch Seeleoparden beobachten.

Mögliche Tierbeobachtungen

Eselspinguine
Weddellrobben
Pelzrobben
Blauaugenkormorane
Raubmöwen
Dominikanermöwen
Scheidenschnäbel
Schneesturmvögel
Antipodenseeschwalben
Buntfuß-Sturmschwalben

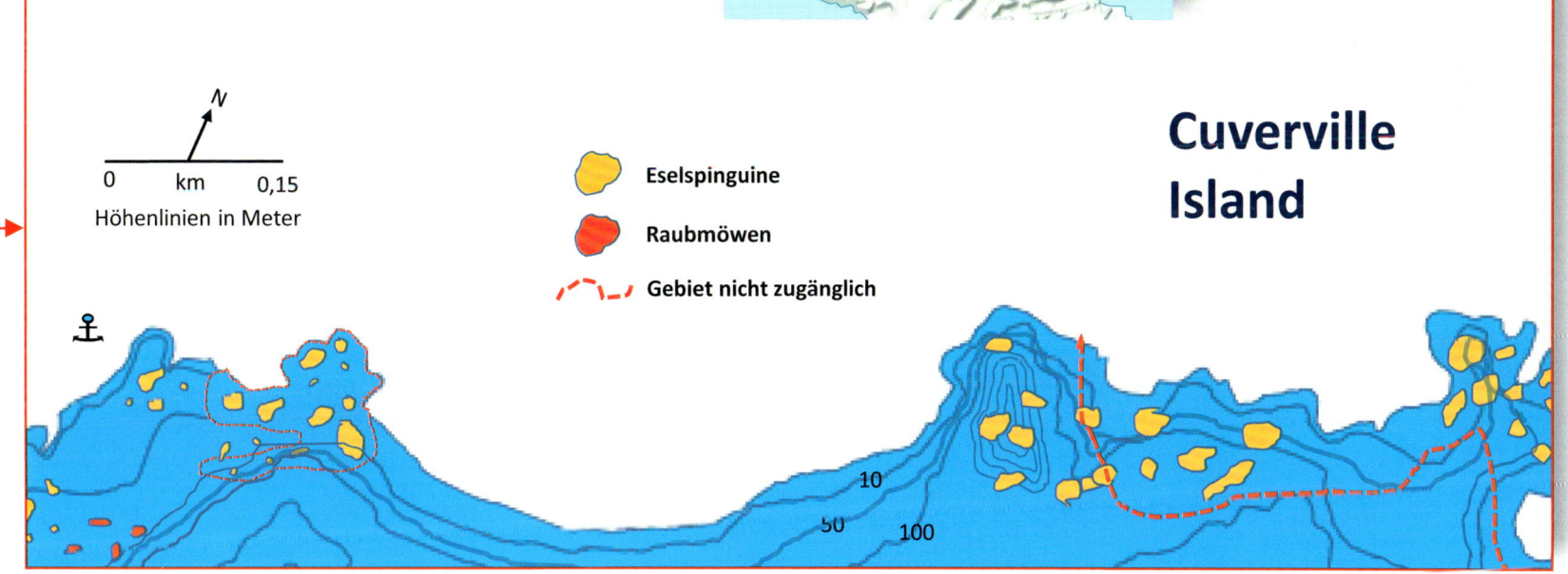

Cuverville Island

- Eselspinguine
- Raubmöwen
- Gebiet nicht zugänglich

Höhenlinien in Meter

Rongé Island (Georges Point)

Rongé Island / Georges Point

- Pelzrobben
- Klippen
- Eselspinguine
- --- Pfad
- ★ Aussichtspunkt

Höhenlinien 5 Meter

Errera Channel
Cuverville Island
Arctowski Peninsula
Rongé Island
Danco Isl.
Errera Channel

High Ground

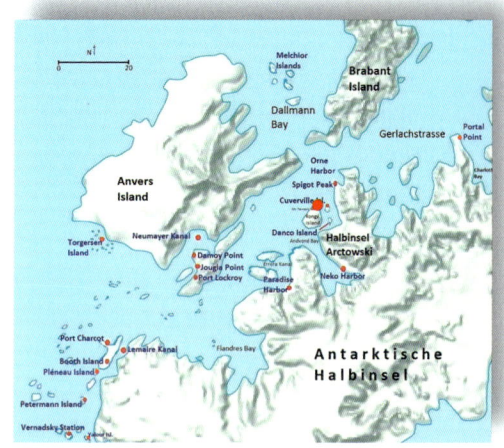

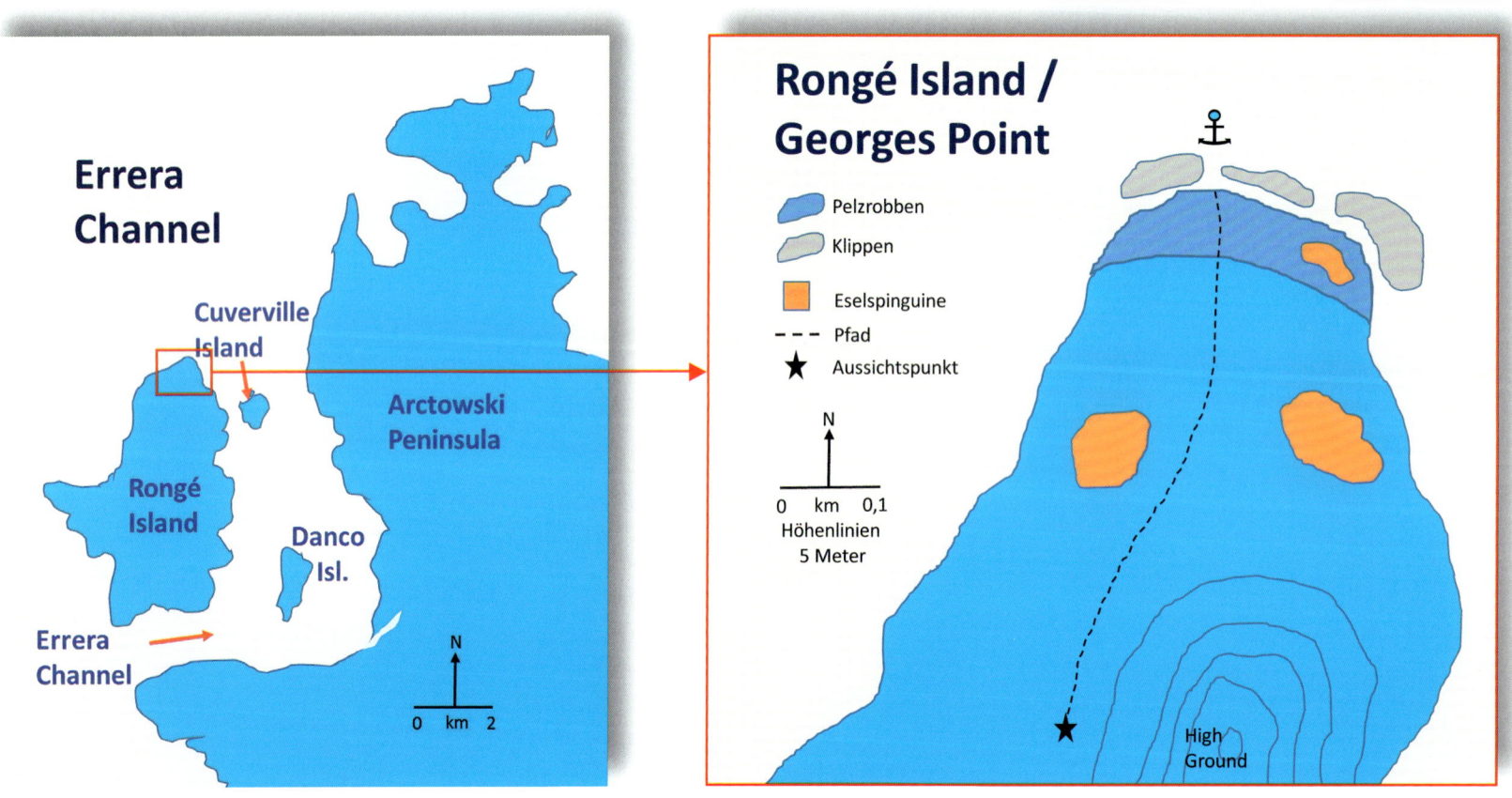

Die Insel liegt am Südende der Gerlachstraße und wird östlich und südlich vom Errera-Kanal umspült. Eine spektakuläre Berglandschaft, großartige Gletscherabbrüche und der 688 Meter hohe Mount Tennant bestimmen die Landschaft. Am Küstenstreifen wohnt eine kleine Kolonie von Esels- und Zügelpinguinen.

Kreuzfahrtschiffe driften gern in der engen Durchfahrt zwischen Rongé und Cuverville Island. Aus Sicherheitsgründen wird hier nicht geankert, um schnell reagieren zu können, wenn der nahe Gletscher kalbt. Von der Driftposition erreichen die Zodiacs beide Inseln, sodass der größte Teil der Gäste gleichzeitig an Land gehen kann.

Mögliche Tierbeobachtungen
Eselspinguine
Zügelpinguine
Scheidenschnäbel
Antarktis-Seeschwalben
Raubmöven
Buntfußsturmschwalben
Dominikanermöven

Gletscher am Osthang von Rongé Island.

Danco Island

Errera Channel

Cuverville Island
Rongé Island
Arctowski Peninsula
Danco Isl.
Errera Channel

Danco Island

- Eisfreie Zonen
- Eselspinguine

Früh. Hütte der „Base O"

Höhenlinien in Meter

Das nur 0,5 Quadratkilometer große Danco Island liegt mitten im Errera-Kanal in Sichtweite von Cuverville Island. Danco war der Name eines Geophysikers. Er starb an Bord der BELGICA, einem Wal- und Robbenfangschiff, das 1897–1899 als Forschungsschiff im Rahmen einer belgischen Antarktisexpedition eingesetzt war.

Eine Anlandungsmöglichkeit gibt es an einem flachen, breiten Kiesstrand an der Nordküste, wo Eselspinguine in einer kleinen Kolonie ihre Nistplätze haben. Die Besteigung des Hügels ist mit entsprechendem Schuhwerk leicht möglich, der Blick von oben lohnt jeden Schritt.

Die flache Silhouette von Danco Island vor der Kulisse der Arctowski-Halbinsel.

Mögliche Tierbeobachtungen

Eselspinguine
Weddellrobben
Krabbenfresserrobben
Antipodenseeschwalben
Buntfuß-Sturmschwalben
Blauaugenkormorane
Dominikanermöwen
Raubmöwen
Scheidenschnäbel

Neko Harbour

Neko Harbour erhielt seinen Namen von dem norwegischen Walverarbeitungsschiff Neko, das den Hafen in der Zeit von 1911–1924 oft besuchte und hier guten Schutz vor den Stürmen in der Bransfield Street fand. Neko Harbour liegt am Ende der Andvord-Bucht, die südlich der Halbinsel Arctowski weit in die Antarktische Halbinsel hineinragt. Mit knapp 29 000 Besuchern in der Saison 2018/19 war Neko Harbour auf Platz 1 der am häufigsten besuchten Anlandungsstellen. Das ist kein Wunder, denn die grandiose Szenerie, mit der sich der Neko-Gletscher präsentiert, zieht jeden Besucher in seinen Bann. Von der zehn bis zwölf Meter hohe Eisdecke bricht gelegentlich ein Teil ab, schiebt sich den Berg hinunter in die Bucht und kracht mit dumpfem Grollen ins Meer. Das Kalben des Gletschers, vorwiegend in den Monaten Januar und Februar zu sehen, ist für alle Anwesenden ein fantastisches Erlebnis.

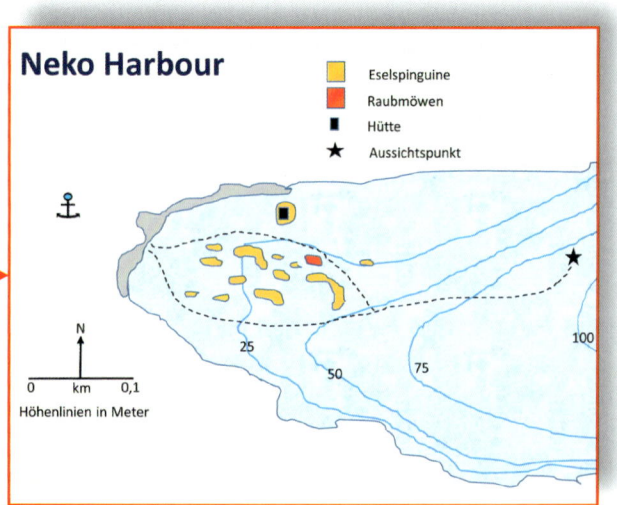

Die Tierwelt in dieser Bucht ist nicht sehr artenreich, aber die Landschaft ist traumhaft. Lohnenswert ist ein kleiner Marsch hoch auf den Hügel, dessen Hang sich kurz hinter der Anlandungsstelle nach oben zieht. Der Weg dauert etwa zehn bis 15 Minuten. Der Blick von oben auf die Bucht, den Gletscher und die umliegenden Berge ist großartig.

Mögliche Tierbeobachtungen

Eselspinguine
Weddellrobben
Raubmöwen
Dominikanermöwen

Zodiaccruise in eisiger Umgebung

Paradise Bay

Paradise Bay, auch bekannt als Paradise Harbour: Seit den 1920er Jahren hält sich der von Walfängern geprägte Name und lockt viele Gäste aus der ganzen Welt an. Paradise Bay gehört zu den am meisten besuchten und bestaunten Anlandungsstellen der antarktischen Region.

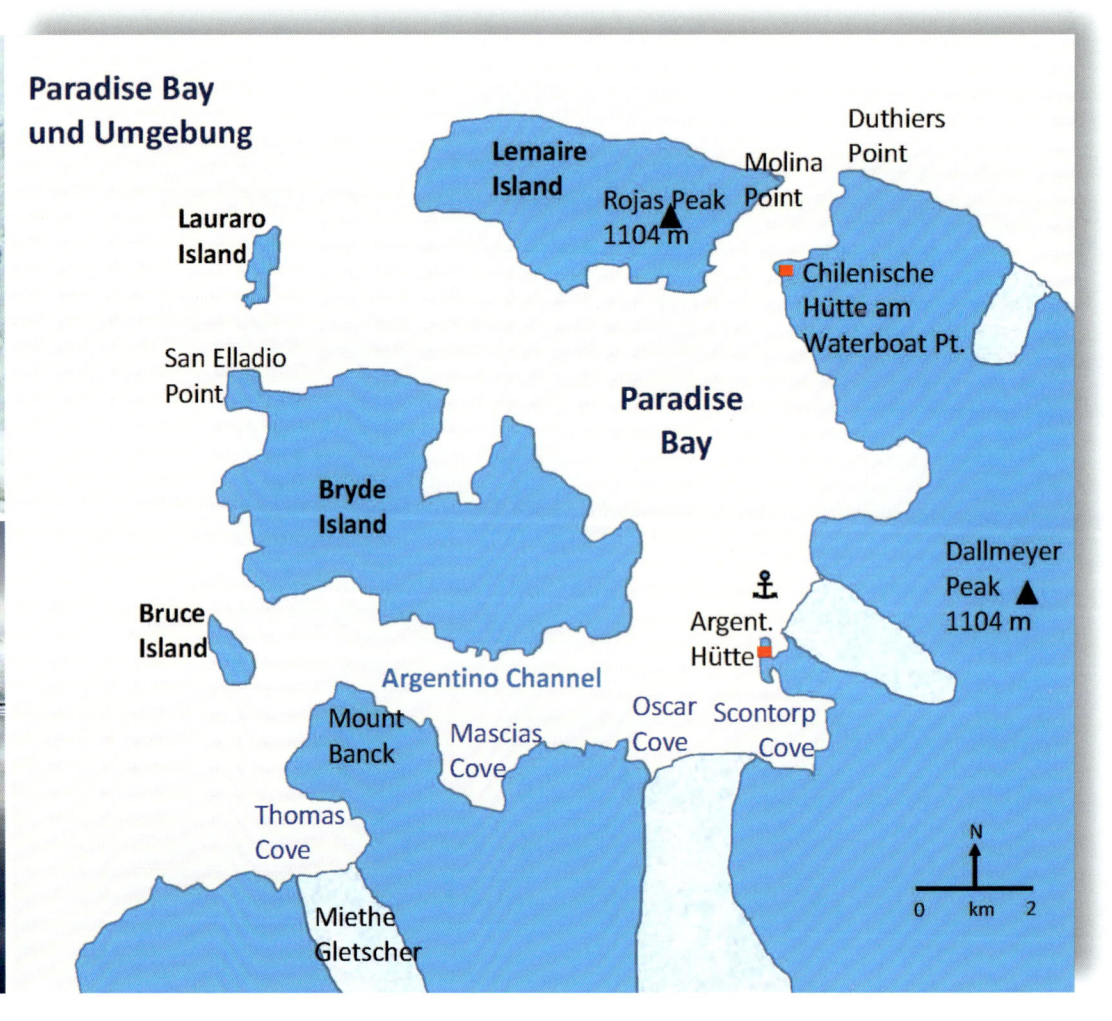

Während das Schiff aus Sicherheitsgründen nicht in der Bucht ankert sondern nur driftet, landen die Zodiacs am Ufer eines in die Bucht hineinragenden, vulkanischen Felsens. Auf seiner Südseite fällt er nahezu senkrecht ab und schafft eine beeindruckend düstere Kulisse, in deren Nischen und Felsvorsprüngen eine Kolonie von Blauaugenkormoranen zu beobachten ist. Die Nordseite des etwa 60 Meter hohen Felsens ist begehbar.

Die Aussicht von oben ist ein Genuss. Bei klarem Wetter glänzt ein Meer aus Eis und Weiß rings um die Bucht, in der das Kreuzfahrtschiff im tiefblauen Wasser liegt. Großen Schwell gibt es nicht, denn die Bucht wird durch die beiden vorgelagerten Inseln Bryde und Lemaire Island geschützt. Wegen dieser Lage wurde die Bucht auch früher von Walfangschiffen unterhalb des 1 104 Meter hohen Dallmeyer Peak genutzt. Seit 1951 steht hier, eingebettet in ein grandioses Panorama, die argentinische Station Base Brown. Einen imposanteren Rahmen kann man sich für eine Forschungsstation kaum vorstellen. Nachdem sie am 12. April 1984 von einem argentinischen Stationsarzt niedergebrannt wurde, der vergeblich um Ablösung von seinem Posten gebeten hatte, wird seit kurzem an ihrem Wiederaufbau gearbeitet. Nur wenige Wochen im Sommer ist die Station besetzt und verkauft den Besuchern Souvenirs. Unbedingt empfehlenswert ist eine ausgedehnte Zodiac-Tour durch die Eis- und Gletscherwelt bis tief hinein in die Bucht, wo der Gletscher bei Temperaturen über dem Gefrierpunkt häufig kalbt und riesige Bruchstücke ins Meer fallen. Man fährt vorbei an tiefblauen Kavernen und zehn Meter hohen Säulen mit rechteckigem Querschnitt. Diese Form entsteht, wenn der Gletscher quer über eine große Bodenwelle gleitet, die ihn horizontal teilt, und dann über eine weitere Welle rutscht, die parallel zur Fließrichtung verläuft. So wird das Eis zweifach geteilt und es entstehen hohe, senkrechte Türme, die den Blick eines jeden Fotografen magisch anziehen.

Beim Verlassen der paradiesischen Bucht in Richtung Andvord Bay liegt an Steuerbord, gegenüber von Lemaire Island, eine kleine Insel. Hier in Waterboat Point steht die nur unregelmäßig besetzte, chilenische Station González Videla. Gegründet im März 1951 wurde sie nach dem chilenischen Staatspräsidenten benannt, der als erster Staatschef überhaupt einen Fuß auf antarktischen Boden setzte. Die Forschungsstation ist nicht mehr in Betrieb und nur im antarktischen Sommer besetzt.

Linke Seite oben: Gletscherkaverne in der Oscarcove.
Unten: In der Bucht von Paradise Harbour.
Rechte Seite links: Die argentinische Station Base Brown.
Rechts: Treibendes Kunstwerk.

Mögliche Tierbeobachtungen

Eselspinguine
Krabbenfresserrobben
Weddellrobben
See-Leoparden
Blauaugenkormorane
Scheidenschnäbel
Dominikanermöwen
Raubmöwen
Antarktis-Seeschwalben

Neumayer Channel

Der Neumayer-Kanal erstreckt sich über eine Länge von 29 Kilometer von Südwest nach Nordost zwischen Wiencke Island und Anvers Island. Im nördlichen Teil ist der Kanal knapp zwei Kilometer, im südlichen vier Kilometer breit.

1873/74 wurde der Neumayer-Kanal entdeckt. Eduard Dallmann, Leiter einer deutschen Expedition, war mit seinem Dampfschiff auf der Suche nach Robben und sah aus Süden kommend erstmals die imposant aufragenden, bis zu 2 761 Meter hohen Gipfel von Anvers Island. Höchster Gipfel ist der Mount Francis, der zehn Kilometer vom Nordende des Neumayer-Kanals entfernt liegt.

Den Namen erhielt der Kanal von Adrian de Gerlache de Gomery, der damit die Verdienste von Georg von Neumayer würdigte. Neumayer war der

Gründungsdirektor der Deutschen Seewarte in Hamburg, dem heutigen Bundesamt für Seeschifffahrt und Hydrographie. Er war ein bedeutender Südpolarforscher und gründete 1879 zusammen mit dem Österreicher Carl Weyprecht die Internationale Polarkommission, deren Forschungsaktivitäten 1882–1883 das Erste Internationale Polarjahr zur Folge hatte. Nach den inzwischen aufgelösten Stationen Neumayer I und II ist seit 2009 Neumayer III in Betrieb, die dem Alfred-Wegener-Institut in Bremerhaven untersteht.

Unter erfahrenen Antarktisbesuchern gehört der Neumayer-Kanal mit seinem s-förmigen Verlauf, den vergletscherten Berghängen und den imposanten Klippen zu den attraktivsten Zielen der Antarktischen Halbinsel.

Melancholie des Neumayer-Kanals.

Port Lockroy (Goudier Island)

Goudier Island zeigt sich nach der Schneeschmelze als glatte und flache Felseninsel. Sie liegt im südlichen Teil des imposanten Neumayer-Kanals zwischen Wiencke und Anvers Island im Palmer Archipelago. Kreuzfahrtschiffe legen meist im westlich gelegenen Naturhafen an, um ihren Gästen die Besichtigung von Port Lockroy/Base A zu ermöglichen. Die 1944 für militärische Zwecke errichtete Station wurde nach dem Zweiten Weltkrieg noch bis 1962 als Forschungsstation genutzt, heute steht sie als

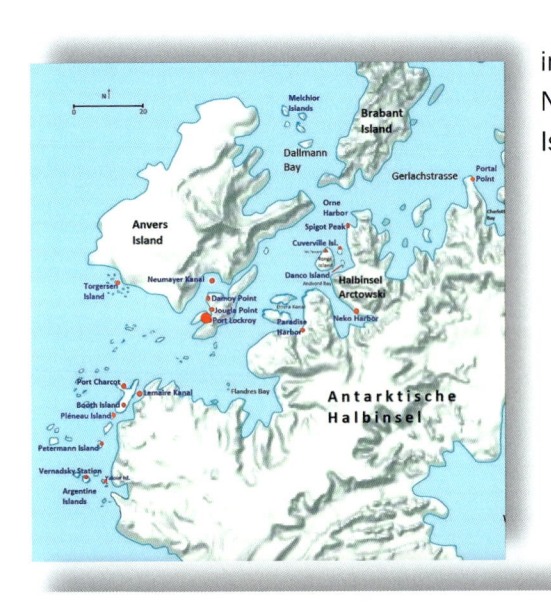

Port Lockroy mit Jougla Point und Goudier Island

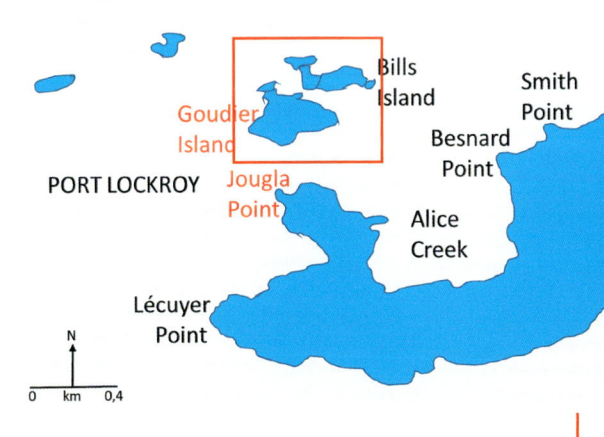

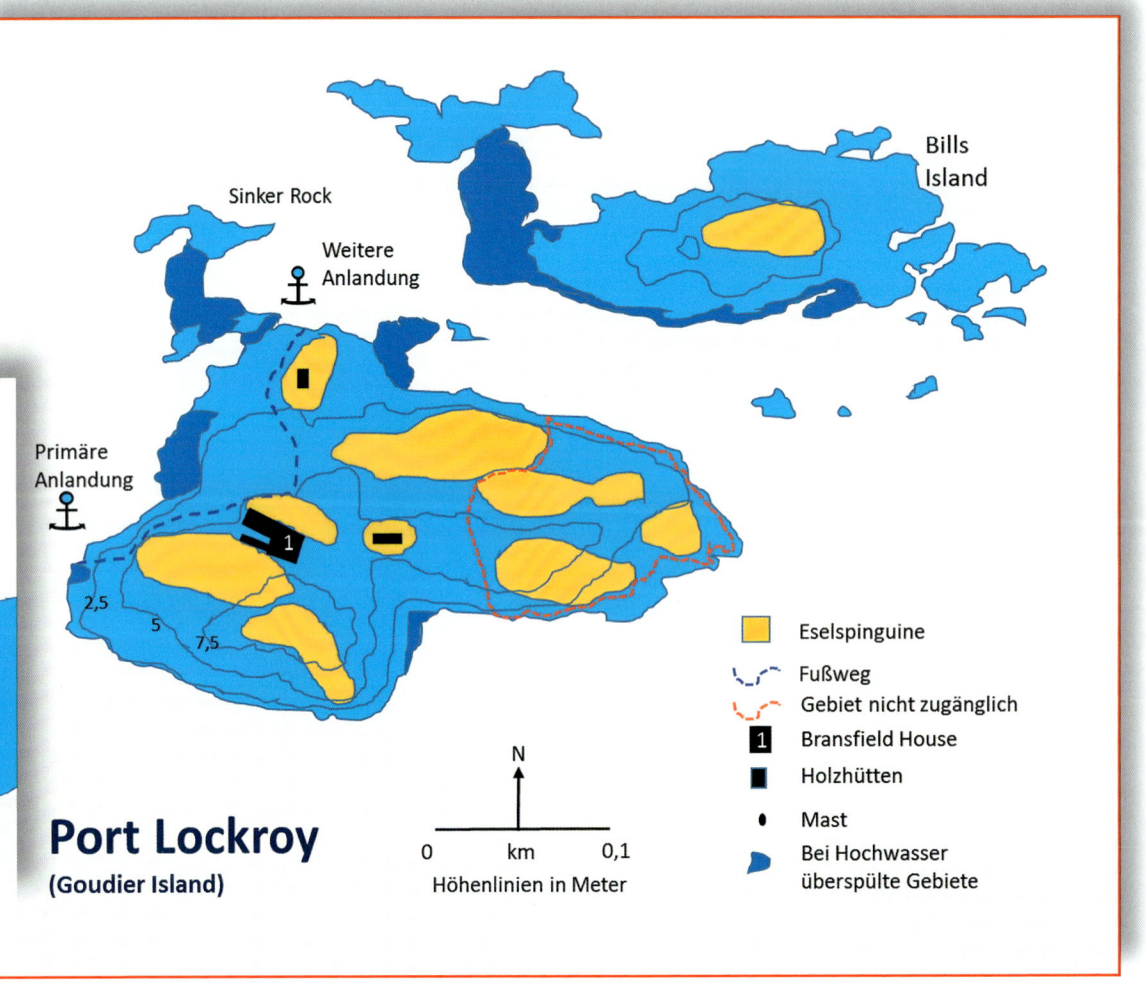

Port Lockroy (Goudier Island)
Höhenlinien in Meter

Legende:
- Eselspinguine
- Fußweg
- Gebiet nicht zugänglich
- 1 Bransfield House
- Holzhütten
- Mast
- Bei Hochwasser überspülte Gebiete

Oben: Leichtes Schneetreiben in Port Lockroy.

Unten: Stein für Stein haben die Eselspinguine auf den Felsen gebracht, um hier zu nisten.

Oben links: Ein Blick auf die Relikte in der Forschungsstation.

Oben rechts: Schlafzimmer mit noch vorhandener Wintergarderobe.

Mögliche Tierbeobachtungen

Eselspinguine
Krabbenfresserrobben
Weddellrobben
Blauaugenkormorane
Raubmöwen
Dominikanermöwen
Scheidenschnäbel

Historic Site Monument im Antarktisvertrag und somit unter Schutz.

Ein Besuchermagnet ist auch Bransfield House, eine ehemalige Hütte, außen schwarz und mit roten Fensterrahmen. In den Nischen des Fundaments der Hütte nisten Eselspinguine, die sich von den vielen Menschen offensichtlich wenig beeindrucken lassen. Gezielte Forschungen zu ihren Brutergebnissen ergaben, dass die Geburtenrate bei den Pinguinen in der Nähe des Hauses größer ist, als bei den Tieren, die weiter entfernt von der Station leben.

Mit über 20 500 Besuchern (2018/19) gehört Bransfield House zu den am meisten besuchten Orten der Antarktischen Halbinsel. Hier befinden sich heute ein Museum und ein Souvenir-Shop, der wohl südlichste Shop der Welt. Hier gibt es neben den üblichen Artikeln auch Kartenmaterial zur Antarktis, insbesondere die sehr guten Karten vom British Antarctic Survey.

Der Hafen Port Lockroy muss korrekterweise französisch gesprochen werden, denn Edouard Lockroy, der Namensgeber, war 1904 französischer Marineminister, als der Arzt und Polarforscher Jean Baptiste Charcot erstmalig in der Bucht vor Goudier Island ankerte und dem Hafen diesen Namen gab.

Jougla Point

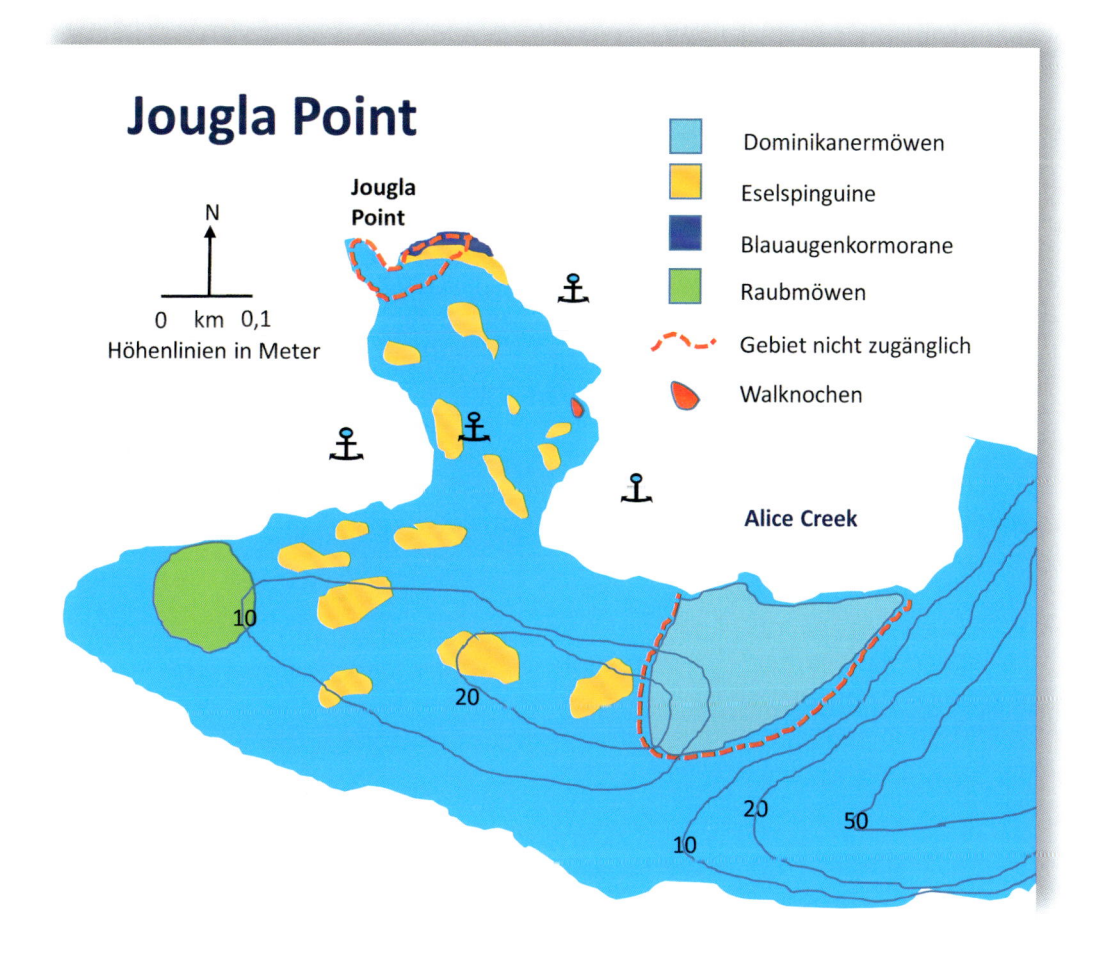

Unweit von Port Lockroy, dessen Bransfield House vom Jougla Point gut sichtbar ist, schiebt sich auf einer kleinen Halbinsel vor Wiencke Island eine Felsnase in das häufig noch bis Ende November vorhandene Festeis. Rund um die Halbinsel blendet das Weiß von Gletschern und Schneefeldern.

Die relativ flache Steinküste am nordöstlichen Ausläufer der Halbinsel bietet gute Möglichkeiten zur Anlandung. Alternativ dazu kann man auch südlich davon in der kleinen Bucht von Alice Creek anlanden. Zwischen beiden Punkten sind Reste von Walknochen zu besichtigen. Weiter landeinwärts trifft man auf kleine Gruppen von Eselspinguinen. Eine dritte Anlandungsstelle liegt in einer Bucht auf der Westseite der kleinen Halbinsel. Von hier ist es nur ein kurzer Weg zur Felsnase von Jougla Point.

Mögliche Tierbeobachtungen

Eselspinguine
Weddellrobben
Blauaugenkormorane
Dominikanermöwen
Raubmowen
Antarktis-Seeschwalben

Dorian Bay

Dorian Bay gehört geografisch zum Palmer Achipelago. Die Anlandungsstelle liegt südöstlich einer Landzunge, die zu Wiencke Island gehört und in den Neumayer-Kanal hineinragt.

1975 baute das British Antarctic Survey (BAS) dort eine Hütte, die zuletzt 1993 vom BAS genutzt wurde. Heute ist die Hütte Nummer 84 in der Liste der Historic Site Monuments und kann mit vorheriger Genehmigung besichtigt werden. Wenige Meter entfernt liegt eine argentinische Hütte, die jedoch nur in Notfällen betreten werden sollte.

Unweit der Hütten lohnt sich bei klarer Sicht ein Spaziergang den Hügel hinauf, von dessen Anhöhe die britische Station Port Lockroy, meist mit einem

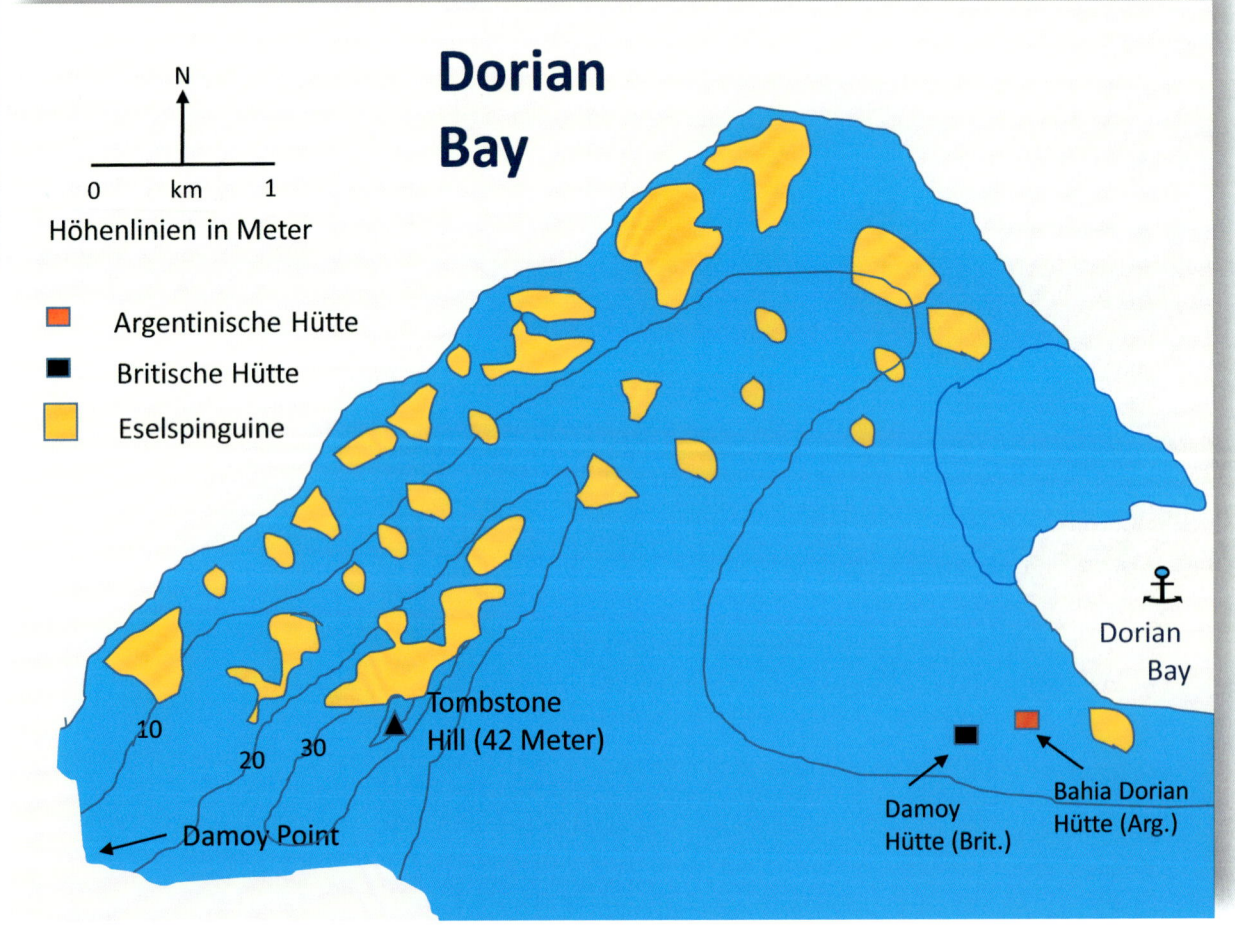

Mögliche Tierbeobachtungen

Eselspinguine
Krabbenfresserrobben
Weddellrobben
Dominikanermöwen
Raubmöwen
Antarktis-Seeschwalben
Antarktische Pelzrobbe
Seeleoparden

Kreuzfahrtschiff davor, zu sehen ist. Blickt man in Richtung Casabianca Island, kann man Eselspinguine sehen, die sich dort den besten Platz zwischen Küste und dem Tombstone Hill ausgesucht haben.

Eisiger Morgen im Neumayer Kanal kurz vor der Dorian Bay

Torgersen Island

Torgersen Island gehört zum Palmer Archipelago und liegt an der Südwestküste der komplett vergletscherten, weißen Wand von Anvers Island. Die kreisförmige Insel mit einem Durchmesser von etwa 400 Metern ist eine der westlichsten Anlandungsstellen der Antarktischen Halbinsel, ein steiniges Eiland, dessen nordöstlicher Teil auch für Besucher zugänglich ist. Bei sonnigem Licht leuchten die orangefarbenen Flechten auf den Steinen und bieten zusammen mit dem blauen Meer und den hellen Schneeflecken eine kontrastreiche Farbmischung.

Der südwestliche Teil bleibt der Forschung vorbehalten, die sich u. a. mit den Auswirkungen

Mögliche Tierbeobachtungen

- Eselspinguine
- Adéliepinguine
- Goldschopfpinguine
- Königspinguine
- Zügelpinguine
- Krabbenfresserrobben
- Südliche See-Elefanten
- Pelzrobben
- Weddellrobben
- Seeleoparden
- Buntfuß-Sturmschwalben
- Raubmöwen
- Riesensturmvögel
- Weißgesichts-Scheidenschnäbel
- Dominikanermöwen
- Blauaugenkormorane

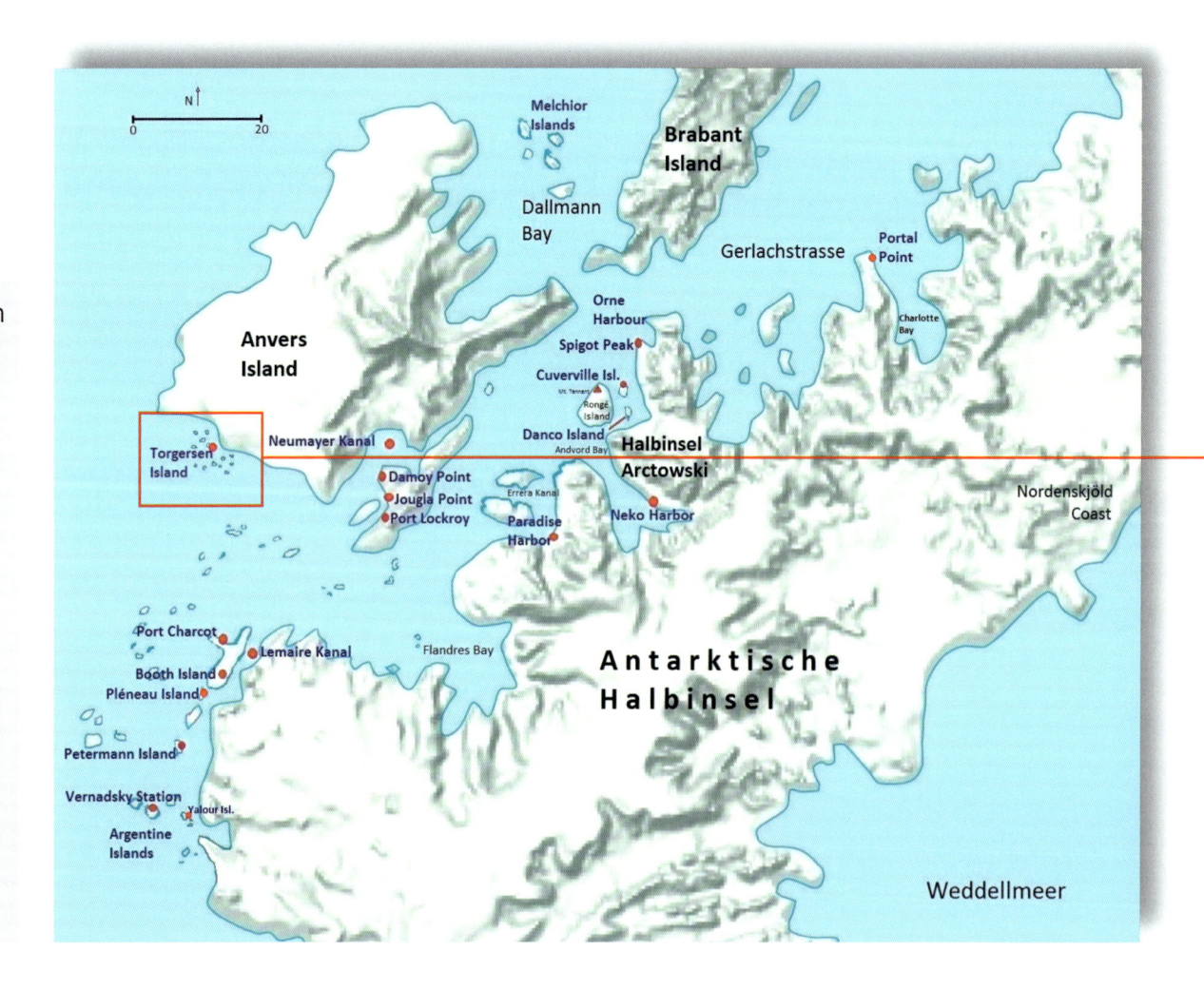

menschlicher Besuche in dieser Region beschäftigt. Schiffe und Yachten sind angehalten, einen Abstand von 50 Meter zu den abgesperrten Gebieten einzuhalten, um insbesondere den Vogelkolonien nicht zu nahe zu kommen.

Auf Torgersen Island leben sehr viele Pinguinarten. Obwohl die Insel sehr weit südlich liegt, sind hier Königspinguine beobachtet worden. Das ist auf das relativ milde Klima an der westlichen Seite der Antarktischen Halbinsel zurückzuführen. Der Ozeanograph Hugh Ducklow stellte bei seinen Studien zur Klimaerwärmung fest, dass sich gerade im westlichen Teil der Antarktischen Halbinsel in den letzten 30 Jahren ein mittlerer Temperaturanstieg von 7 ° Celsius ereignet hat. Diese Zahl liegt um das Fünffache höher als der weltweite Durchschnittswert. Das hat zu einem deutlichen Rückgang jener Pinguinarten geführt, die bislang ausschließlich auf Antarktika lebten. Besonders betroffen sind Adéliepinguine, deren Bestände sich in dieser Region bis auf wenige Brutpaare reduziert haben.

Eselspinguinen, deren Habitate bislang auch auf den temperaturgemäßigten subantarktischen Inseln liegen, kommt die Erwärmung im Westteil der Antarktischen Halbinsel entgegen. Ihre Zahl hat sich noch erhöht.

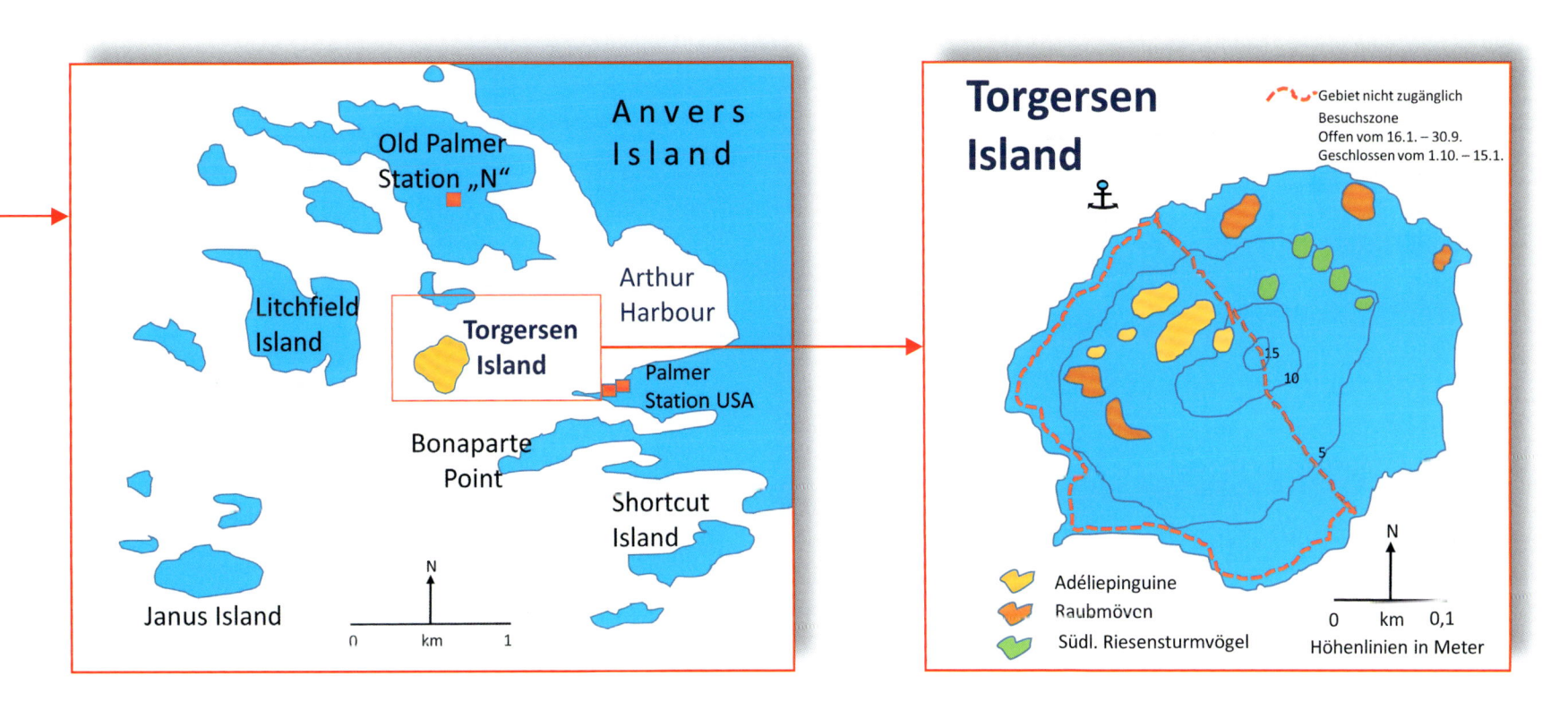

Lemaire Channel

Zweifellos gehört eine Fahrt durch den Lemaire-Kanal zu den faszinierendsten Erlebnissen einer Antarktisreise. Wer das Glück hat, bei guter Sicht dieses Spektakel aus Eis und Fels zu erleben, wird seine Eindrücke nicht mehr vergessen: tiefblaue Eisabbrüche, extrem steile, felsige Flanken auf Booth Island, bis zu zehn Meter dicke Schneemassen am Ufer des Festlandes, tausendfach verspielte Formen der Growler und beeindruckende Perspektiven zwischen den nahen Eismassen und den felsigen Kulissen im Hintergrund.

1874 wurde der Kanal von dem deutschen Kapitän Eduard Dallmann entdeckt. Adrian de Gerlache de Gomery, ein belgischer Polarforscher, benannte den Kanal 25 Jahre später nach Charles François Alexandre Lemaire, einem belgischen Afrikaforscher und Distrikt-Kommissar in Belgisch-Kongo.

Zwischen dem antarktischen Festland und der vorgelagerten Booth-Insel gelegen, bietet die sechs Kilometer lange und bis zu 520 Meter breite Wasserstraße eine enorme Vielfalt antarktischer Phänomene. Von Norden kommend empfangen den Kreuzfahrer die Zwillingsgipfel des Kap Renard, wegen ihrer permanenten kleinen Schneespitzen auf den beiden schmalen Gipfelflächen auch Umas Tits genannt.

Aus großer Entfernung sieht der Kanal unpassierbar aus, da die eisbedeckten Flanken auf beiden Seiten perspektivisch sehr nahe zusammen stehen. 1 000 Meter hoch ragen die schwarz-weißen Felsen auf beiden Seiten. Eine Passage ist nicht immer möglich, denn häufig versperren Eisbarrieren die schmale Durchfahrt. Noch bevor das Schiff die Zwillingsgipfel erreicht, ist der Blick auf den Kanal frei und es zeigt sich, ob die Eisdichte eine Passage zulässt.

Im Westen beeindrucken die majestätischen Türme von Booth Island und im Osten die vom Schnee gezuckerten Felsen des antarktischen Festlandes. Im nördlichen Drittel des Kanals öffnet sich die Deloncie Bay und gibt den Blick frei auf den Hotine-Gletscher. Unmittelbar hinter der Bucht liegt die engste Stelle des Kanals.

Oben: Die Zwillingsgipfel von Kap Renard an der nördlichen Einfahrt des Lemaire-Kanals.

Unten: Abendstimmung am Lemaire-Kanal.

Port Charcot

Port Charcot liegt am nordwestlichen Ende von Booth Island, der Insel, die den Lemaire-Kanal nach Westen vor der offenen See schützt. Die Anlandungsstelle liegt an einem südlichen Küstenabschnitt in der Salpêtrière-Bucht, von wo der 50 Meter hohe Cairn-Hügel über einen leicht ansteigenden Hang erreicht werden kann.

1903–1905 überwinterte hier die französische Antarktis-Expedition unter Jean-Baptiste Charcot. Ein Steinhaufen, eine Holzsäule und andere Artefakte sind noch sichtbar. Sie werden als Historic Site Monument (HSM) Nr. 28 im Antarktisvertrag geführt und sind entsprechend geschützt.

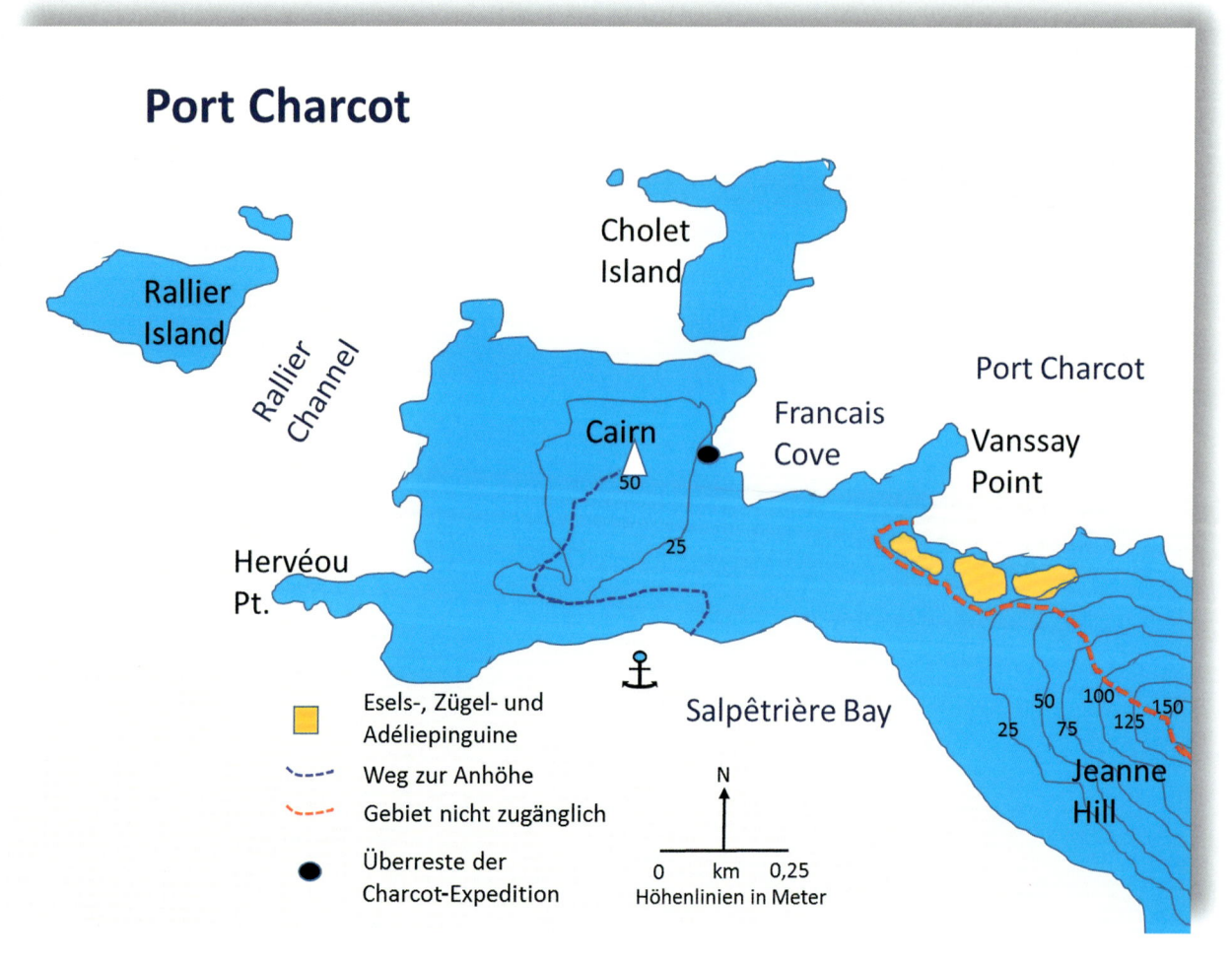

Mögliche Tierbeobachtungen

- Eselspinguine
- Adéliepinguine
- Zügelpinguine
- Weddellrobben
- Seeleoparden
- Pelzrobben
- Antarktis-Seeschwalben
- Dominikanermöwen
- Raubmöwen
- Buntfuß-Sturmschwalben
- Scheidenschnäbel
- Blauaugenkormorane

Pléneau Island

Südwestlich von Booth Island, wo der südliche Teil des Lemaire-Kanals in die Penola-Straße mündet, bietet die 1,2 Kilometer lange Insel die Möglichkeit, Eselspinguine und unterschiedliche Arten der antarktischen Vogelwelt zu beobachten. Die Mitte der Insel und der größte Teil im Westen sind von einer flachen Eiskappe bedeckt. Deswegen liegen die beiden möglichen Anlandungsstellen im Nordosten. Von dort gelangen Besucher zu den Pinguinen, den Kormoranen am nördlichen Inselende und zu einer Seeschwalbenkolonie, die nordöstlich auf einer Landzunge zu beobachten sind. Das von Flechten und Moosen bedeckte, granitartige Gestein bietet dabei gute Trittfestigkeit.

Vor der Küste, meist zwischen Booth und Pléneau Island, liegen unzählige, auf Grund gelaufene Eisberge. Sie sehen aus, als wollten sie die triste graue Meeresoberfläche mit blau-weißer Farbe auflockern und für optische Strukturen sorgen. Eine Zodiac-Tour zwischen ihnen hindurch ist ein echtes Erlebnis.

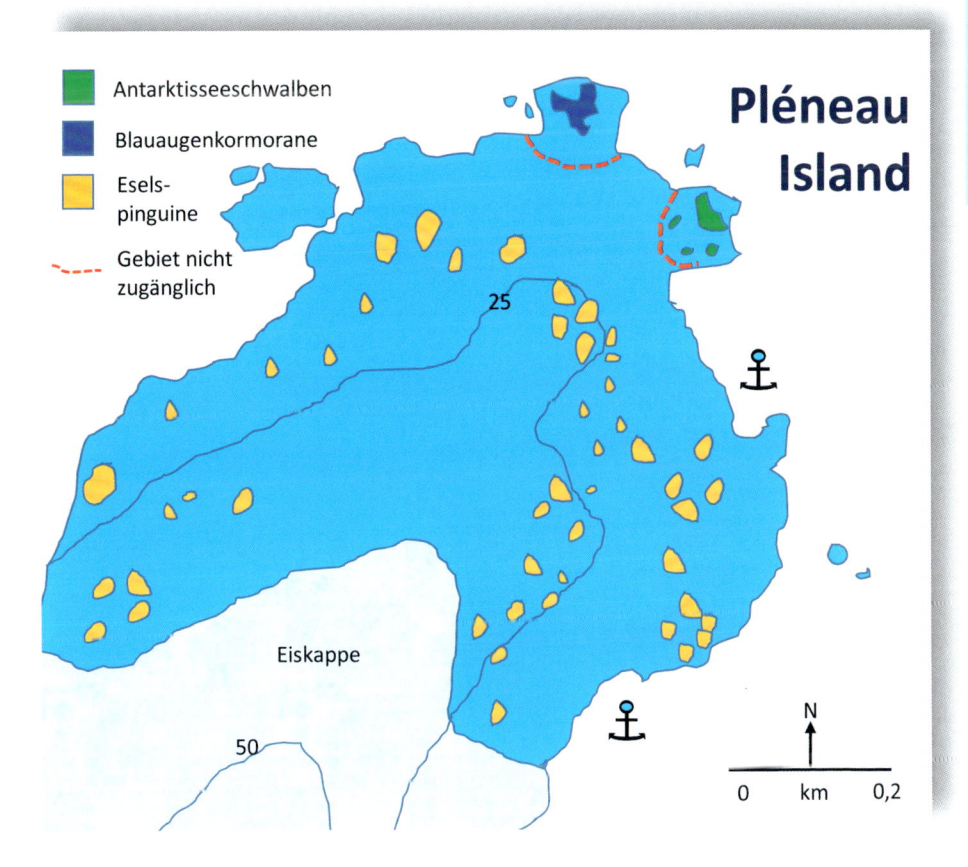

Mögliche Tierbeobachtungen

Eselspinguine
See-Elefanten
Weddellrobben
Antarktisseeschwalben
Blauaugenkormorane
Dominikanermöwen
Raubmöven

Oben: Granodiorit-Gestein auf Pléneau Island. Vor der Küste sind Eisberge auf Grund gelaufen.

Unten: Frischgrünes Moos belebt das Grau der felsigen Inseldecke.

Petermann Island

Petermann Island liegt kurz vor dem südlichen Polarkreis und gehört zum Wilhelm-Archipel, zu dem noch unzählige weitere kleine Inseln gehören. Die von vielen Buchten eingerahmte Insel mit einer Nord-Süd-Ausdehnung von gut 1,6 Kilometern liegt südlich von Pléneau Island und südlich des Lemaire Kanals, der sich in der Penola Street zwischen Petermann Island und dem Festland nach Süden fortsetzt. Namensvetter der Insel ist einer der bekanntesten Geographen des 19. Jahrhunderts. August Petermann (1822–1878) beschäftigte sich intensiv mit der Erkundung der Polargebiete. 1855 gründete er in Gotha Petermanns Geographische Mitteilungen, eine später sehr angesehene Fachzeitschrift.

Ein großer Teil der Inselfläche ist von Eis bedeckt, insbesondere der nordwestliche Teil. Esels- und Adéliepinguinkolonien sind weit über die Insel verstreut und von der östlichen Anlegestelle in der geschützten Bucht Port Circumcision leicht erreichbar. Circumcision bedeutet Beschneidung und geht zurück auf Jean-Baptiste Charcot, den Kapitän des Schiffes POURQUOI PAS: Er befuhr die Bucht erstmalig am 1. Januar 1909, am jährlich wiederkehrenden Fest der Beschneidung Christi.

Die Insel bietet relativ freien Bewegungsraum. In den markierten Schutzgebieten sollten die Tiere aber ungestört bleiben.

Die häufig beobachtbare Rosa-Färbung der Schneefelder resultiert von einem erhöhten Vorkommen an Schneealgen, ein Phänomen, das an vielen Orten, besonders auf der Antarktischen Halbinsel, zu beobachten ist. Schneealgen schützen sich mit ihrer Sekundärpigmentierung vor den starken Strahlen der Sommersonne. Ohne diesen Schutz würden die Algen verbrennen.

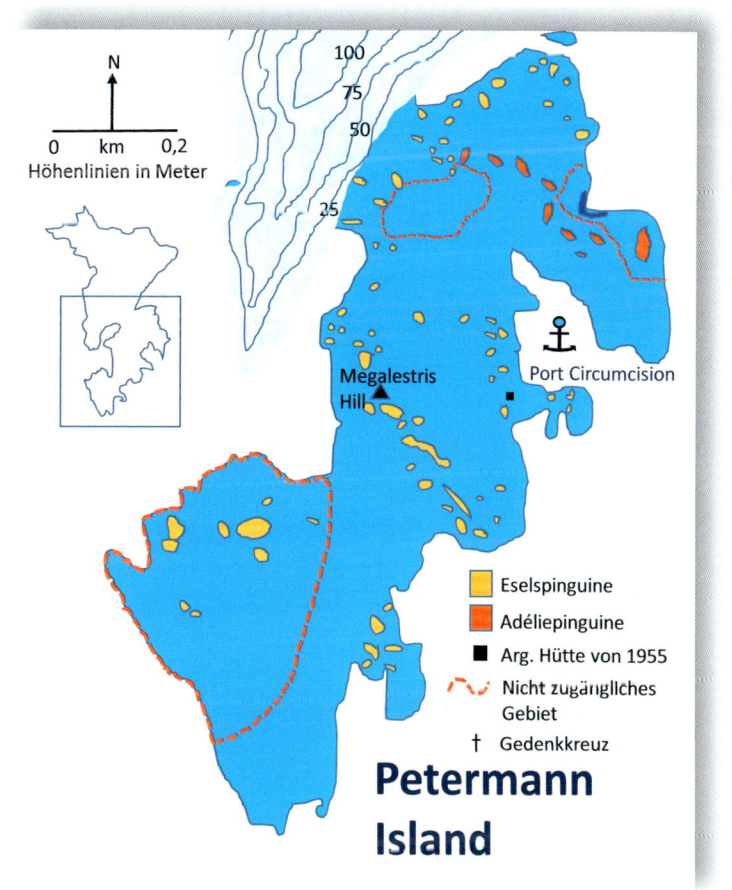

Mögliche Tierbeobachtungen

Eselspinguine
Adéliepinguine
Buntfuß-Sturmschwalben
Raubmöwen
Blauaugenkormorane
Weißgesicht-Scheidenschnäbel

Argentine Islands

Nach der südwestlichen Passage des Lemaire-Kanals, vorbei an Petermann Island, liegen neun Kilometer weiter südlich die Argentine Islands: eine Gruppe von Inseln, die durch die Penola Street von der Antarktischen Halbinsel getrennt ist.

Von der Anlandungsstelle im Norden auf Galindez Island gelangt man zur ukrainischen Station Vernadsky. Ausgestattet mit Souvenirshop, Bar, Billardtisch und vielen weiteren Annehmlichkeiten freuen sich die Forscher über jeden Besuch. 1947 wurde sie als Faraday Station von den Briten gegründet und betrieben, seit 1996 arbeiten und leben hier ukrainische Forscher, die auf Messungen des Ozons in der Atmosphäre spezialisiert sind.

Unweit der Vernadsky Station ist Wordie House zu besichtigen. Die kleine Schutzhütte wurde 1947 von Briten an der gleichen Stelle gebaut, an der schon in den 1930er Jahren die Hütte einer britischen Expeditionsmannschaft stand.

Eine der natürlichen Attraktionen rund um die Argentine Islands sind gestrandete Eisberge, die gelegentlich zwischen den vielen kleinen Inseln Bodenberührung bekommen und peu à peu schmilzen.

Mögliche Tierbeobachtungen

Eselspinguine
Adéliepinguine
Blauaugenkormorane
Seeleoparden
Buntfuß Sturmschwalben
Raubmöwen
Dominikanermöwen

Anlandungsstellen in Südamerika

(Quellen der Grafiken und Karten: Antarctic Treaty Secretary, Buenos Aires; Cartomedia Karlsruhe; eigene Karten)

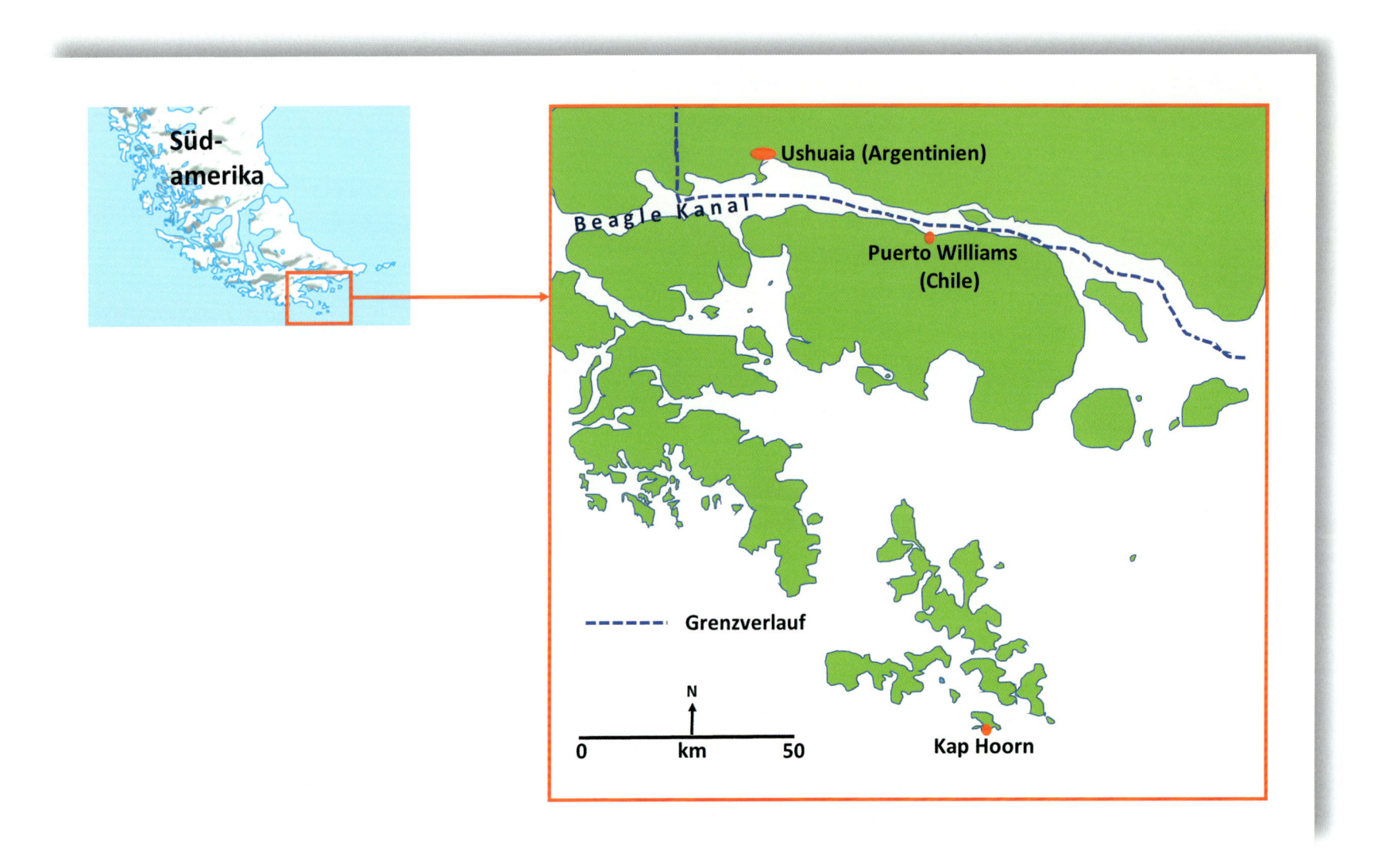

Bereits im 15. Jahrhundert waren es Gewürze und Edelmetalle, die vor allem die Portugiesen, Spanier, Briten und Holländer dazu bewegten, Schiff um Schiff auf die Weltmeere zu schicken. Beginnend mit der westafrikanischen Küste wurden die Routen in Richtung Indien, Indonesien, Malaysia und Vietnam ausgedehnt, denn schließlich wurde Pfeffer in dieser Zeit noch mit Gold aufgewogen.

Dom Vasco da Gama Graf von Vidigueira, ein portugiesischer Seefahrer, hatte 1498 erstmals das Kap der guten Hoffnung umrundet und mit Hilfe omanischer Seefahrer, die den Indischen Ozean und seine Küsten bereits seit langem kannten, den Seeweg nach Indien entdeckt. Vom Zentrum der portugiesisch besetzten Gebiete in Indien, dem Ort Goa, kontrollierten die Portugiesen alle Handelsaktivitäten mit Indien.

Die Spanier hingegen orientierten sich zu Beginn des 16. Jahrhunderts eher in Richtung Südamerika und erhofften sich große Beute in Form von Gold und Edelsteinen. Schließlich hatte Kolumbus nach der Rückkehr von seiner ersten Karibikreise 1492 große Versprechungen gemacht. Doch die nachfolgenden Beutezüge unter Hernán Cortéz und Francisco Pizarro konnten die hohen Erwartungen nicht erfüllen. Dennoch weiteten die Spanier ihre Präsenz in Südamerika immer mehr aus und wurden schließlich mit viel Gold belohnt. Die Inkas in Peru und die Azteken in Mexiko litten

Kap Hoorn

Kap Hoorn

Kap Hoorn

unter den grausamen Raubzügen und konnten der Brutalität der Europäer nichts entgegensetzen.

Zunehmende Erfahrungen der Spanier mit südamerikanischen Seegebieten lockten nun auch andere Seefahrer in diese Region. Schließlich war es Willem Cornelisz Schouten, ein Holländer, der am 29. Januar 1616 erstmals einen Felsen am Südzipfel des südamerikanischen Kontinents beschrieb und ihn, zu Ehren des Rates seiner Heimatstadt Kap Hoorn nannte.

Diesen neuen Weg zu den Gewürzfeldern Hinterindiens nutzten nun vermehrt die Europäer, sahen sich am Kap Hoorn aber auch einer Strömungs-, Wind- und Wellensituation ausgesetzt, die bis heute etwa 10 000 Seeleuten auf 800 gesunkenen Schiffen das Leben kostete. Damit ist das Seegebiet vor Kap Hoorn der größte Schiffsfriedhof der Welt.

Heute gehört die seeseitig karge Südflanke der sechs mal zwei Kilometer kleinen Felseninsel Isla Hornos zum Hermiten-Archipel und damit zu Chile. Etwa 280 Tage im Jahr regnet es dort bei unangenehmen Windstärken: Selbst schwache Brisen werden als Windstille empfunden. Mit einer imposanten Höhe von 450 Meter trotzt die höchste Inselspitze den Naturgewalten, die unaufhörlich an dem Basaltgestein nagen.

Nach der Anlandung in der „Löwenbucht" führen etwa 200 Stufen über eine solide, gerade Holztreppe hoch zu einem Inselplateau, dessen

Oberfläche aufgrund der ständigen Nässe aus moosbewachsenen Steinen, Gras und Wassertümpeln besteht. Neben einem Leuchtturm, einer kleinen Kapelle, dem Postamt und der von der chilenischen Armee betriebenen Wetterstation mit Souvenirshop kann man das Denkmal für die Kap Hoorniers besichtigen: eine beeindruckende Stahlskulptur, die einen Albatros zeigt. Das Denkmal ist den Seemännern gewidmet, die vor Kap Hoorn ihr Leben verloren. Auch das Gedicht von Sara Vial, einer chilenischen Lyrikerin, das dort auf einer Tafel steht, ist den Ertrunkenen gewidmet.

Ich bin der Albatros, der am Ende der Welt auf dich wartet.
Ich bin die vergessene Seele der toten Seeleute,
die zum Kap Hoorn segelten, von allen Meeren der Erde.
Aber sie sind nicht gestorben im Toben der Wellen,
denn jetzt fliegen sie auf meinen Schwingen für alle Zeit in die Ewigkeit,
wo am tiefsten Abgrund der antarktische Sturm heult.

Sara Vial

Ushuaia

Zu Beginn des 19. Jahrhunderts lebten an der Spitze Südamerikas noch Ureinwohner vom Stamm der Yamana und Ona. Erste Kontakte zu Europäern gab es bereits 1624, aber es dauerte noch mehr als 150 Jahre, bis es zu regelmäßigen Begegnungen kam, vorwiegend initiiert durch die South American Missionary Society. Bereits Mitte des 19. Jahrhunderts, inzwischen waren Viehzüchter und Goldsucher in Scharen nach Patagonien gekommen, hatte sich die Zahl der Ureinwohner durch eingeschleppte Krankheiten stark dezimiert. Zu Beginn des 20. Jahrhunderts lebten noch etwa 150 Yamana und Ona. Bis zu ihrem Tod am 16.2.2022 galt Cristina Calderón (geboren 1928) als letzte lebende Yamana. Sie lebte in Villa Ukita bei Puerto Williams am Beagle Kanal.

Nach der Einigung zwischen Chile und Argentinien 1881 über die Aufteilung von Feuerland wurden in Ushuaia ein Militärstützpunkt und eine Strafkolonie eingerichtet. Die Gefangenen bauten damals die Ferrocarril Austral Fueguino, eine Schmalspurbahn, mit der Touristen heute noch durch den Nationalpark Tierra del Fuego fahren können. Unmenschliche Behandlungen und Todesfälle unter den Gefangenen führten 1946 zur Schließung der Kolonie. In den folgenden Jahren entwickelte sich die Stadt kaum. Niemand wollte an das „Fin del Mundo", an das Ende der Welt. Erst 1978 begann für die Stadt eine bessere Zeit. Als Anreiz für Ansiedlungen erhielt Ushuaia den Status einer Stadt ohne Zoll und Steuern. Das führte über viele Jahre zu unbegrenztem Wachstum, einem enormen Aufschwung, vorübergehender Unregierbarkeit und zu der Entscheidung, die Steuer- und Zollfreiheit zurückzunehmen.

Heute lebt die Stadt vom Tourismus und ist Hauptstadt der Provinz Tierra del Fuego (Feuerland). Von hier aus starten die meisten Kreuzfahrer in die Antarktis sowie die Rucksacktouristen nach Feuerland. Zu Fuß ist die Stadt schnell erkundet, weil sich die meisten touristischen Anlaufstellen auf wenige Straßen im Stadtzentrum verteilen. Souvenirläden, Outdoorshops, Cafés, Reisebüros, Hotels und Restaurants mit vorzüglichem Fleisch vom Holzkohlegrill, Asado genannt, säumen die kleinen Straßen.

***

Blick von der Antarktis-Pier auf Ushuaia am südlichen Ende der Anden-Kette.